요엘, 그 영원한
복음의 길

KB191781

요엘, 그 영원한
복음의 길

지은이 김나사로
발행일 2023년 04월 05일

펴낸이 최선화
펴낸곳 도서출판 등과 빛
주소 부산광역시 동구 중앙대로260번길 3-11
전화 051-803-0691
등록번호 제335-제6-11-6호(2006년 11월 8일)

값 7,000원

요엘, 그 영원한 믿음의 길

김나사로 지음

등과 빛

차례

1. 하나님께서 요구하시는 회개

'요엘'이라는 이름의 의미는 '여호와는 하나님이시다'라는 의미이다. 이는 요엘 선지자가 경건한 신앙의 가정에서 출생했음을 의미한다. 그는 회개에 대해 정확하고 분명하며 단호하게 가르친 선지자였다.

"여호와의 말씀에 너희는 이제라도 금식하고 울며 애통하고 마음을 다하여 내게로 돌아오라 하셨나니 너희는 옷을 찢지 말고 마음을 찢고 너희 하나님 여호와께로 돌아올지어다"(욜 2:12~13전)

요엘 선지자 당시 이스라엘 백성은 옷을 찢는 형식적 회개에 익숙해 있었다. 그러나 하나님께서는 이스라엘 백성을 향해 마음을 찢는 회개를 요구하셨다. 그래도 구약 이스라엘 백성은 회개할 때, 자신들이 입고 있는 옷이라도 찢었으니 입술로만 죄를 고백하는 우리에 비해서 다소 경제적 손실을 감수하는 회개를 했다.

신학적 의미에서 회개는 죄에서 돌아섬이다. 그리고 믿음, 즉 신앙은 하나님께로 나아감이다. 결국, 하나님께서 이스라엘 백성을 향해 마음을 찢는 회개, 즉 당신께 돌아옴을 명령하신 것은, 그들에게 믿음 즉 신앙을 회복하라는 명령이다. 그러므로 믿음을 회복함은 자기 소원의 꿈을 그리거나 긍정적 마음을 가지는 것이 아니라 하나님께로 돌아가는 행동이다. 결국, 믿음은 행함과 함께 있다(약 2:22).

회개를 죄에서 돌아섬이라고 정의했을 때, 죄는 하나님을 떠나감이다. 하나님을 떠나감은 하나님의 말씀대로 살지 않는 불순종이다. 결국, 죄는 우리 양심에 호소하는 윤리적 도덕적 의미의 죄를 넘어 하나님의 말씀대로 하나님의 뜻대로 살지 않는 삶이다. 그러므로 진정한 회개는 반드시 하나님의 말씀대로 사는 열매 맺는 삶과 하나이다. 따라서 행위가 없는 삶은 회개한 삶이 아니다. 회개에는 반드시 그에 합당한 행위가 있어야 하는데 이를 두고 성경은 회개에 합당한 열매라고 한다.

지금 요엘 선지자는 이스라엘 백성에게 회개를 외치면서 그들의 감정이 아니라 하나님의 법에 호소하고 있다. 그러므로 요엘 선지자가 이스라엘 백성에게 요구하는 회개는 옷을 찢는 눈물 흘림을 너머 하나님의 말씀대로 사는 삶이다.

이스라엘 백성이 요엘 선지자의 회개의 요청에 순종할 때 하나님께서는 그들에게 복을 주셔서 그들이 다시 당신께 소제와 전제를 드리게 하실 것이다.

> "그는 은혜로우시며 자비로우시며 노하기를 더디하시며 인
> 애가 크시사 뜻을 돌이켜 재앙을 내리지 아니하시나니 주께
> 서 혹시 마음과 뜻을 돌이키시고 그 뒤에 복을 내리사 너희 하
> 나님 여호와께 소제와 전제를 드리게 하지 아니하실는지 누가
> 알겠느냐"(욜 2:13후~14)

이처럼 회개한 자에게 주시는 하나님의 복은 물질 문제와
사업 문제와 자녀 문제와 진로 문제의 해결이 아니라 예배
의 삶이다. 예배를 통해 이스라엘 백성은 다시 하나님과의
교제에로 돌아간다. 그러므로 회개한 교회에게 주시는 하나
님의 참된 복은 신령과 진정의 예배이다. 신령과 진정의 예
배는 하나님의 뜻을 분별하고 그 뜻에 우리의 삶을 종속시
키는 것이다.

> "그러므로 형제들아 내가 하나님의 모든 자비하심으로 너
> 희를 권하노니 너희 몸을 하나님이 기뻐하시는 거룩한 산 제
> 물로 드리라 이는 너희가 드릴 영적 예배니라 너희는 이 세대
> 를 본받지 말고 오직 마음을 새롭게 함으로 변화를 받아 하나
> 님의 선하시고 기뻐하시고 온전하신 뜻이 무엇인지 분별하도
> 록 하라"(롬 12:1~2)

회개를 통해 우리는 약속된 예배의 복에 참여한다. 이는 곧 우리가 하나님의 뜻에 우리의 의지를 굴복시키는 믿음의 삶을 결실함이다. 그러므로 회개는 슬픔의 눈물이 아니라 죄악 된 삶을 청산하고 하나님의 말씀의 명령으로 돌아감이다.

신약 성경 중 서신서들은 사도들이 교회를 향해 보낸 편지이다. 그러나 요한계시록은 하나님께서 직접 교회를 향해 보내신 편지이다. 따라서 요한계시록은 구약의 선지서가 이스라엘 백성을 향한 신탁의 말씀이었듯이 교회를 향한 신탁의 말씀이다.

> "예수 그리스도의 계시라 이는 하나님이 그에게 주사 반드시 속히 일어날 일들을 그 종들에게 보이시려고 그의 천사를 그 종 요한에게 보내어 알게 하신 것이라"(계 1:1)

> "이르되 네가 보는 것을 두루마리에 써서 에베소, 서머나, 버가모, 두아디라, 사데, 빌라델비아, 라오디게아 등 일곱 교회에 보내라 하시기로"(계 1:11)

예수 그리스도는 교회의 사자들을 향해 편지하셨다(계 2:1, 8, 12, 18; 3:1, 7, 14). 교회의 사자들을 향한 예수 그리스도의 말씀은 교회들을 향한 성령의 말씀이다(계 2:7, 11,

17, 29; 3:6, 13, 22). 그러면, 교회가 목사에게 들어야 하는 예수 그리스도의 말씀, 곧 성령의 말씀은 그 핵심 주제가 무엇인가? 그것은 회개다. 그러므로 하나님의 말씀이라고 설파하는 목사의 설교 주제는 너무도 당연히, 꿈과 긍정이 아니라 회개여야 한다. 그래서 교회는 목사에게서 회개의 복음을 들어야 한다.

지금도 교회를 향한 하나님의 요구는 꿈과 긍정이 아니라 회개다(계 2:5, 16, 22; 3:3, 19). 회개는 열매 맺는 삶이다. 그러므로 요한계시록은 교회를 향해 지켜 행할 것을 명령하고 있다(계 2:5, 26; 3:3, 15). 이제 교회는 꿈과 긍정을 통해 해결과 응답에 집착하지 말고, 회개를 통해 열매 맺는 삶, 곧 하나님의 뜻을 행하는 삶에 집중해야 한다.

2. 후세대에 말하고 말해야 할 노래

요엘 선지자는 신앙의 세대가 계속해서 후세대의 신앙인들에게 말해야 할 필요가 있는 일을 소개함으로써 그 위대하고도 영원한 복음의 문을 열고 있다.

"너희는 이 일을 너희 자녀에게 말하고 너희 자녀는 자기
자녀에게 말하고 그 자녀는 후세에 말할 것이니라"(욜 1:3)

대체 하나님의 백성에게 무슨 일이 발생할 것이기에 계속해서 후세대에 말해 주어야 하는가? 다시 말해서 후세대에 말하고 말해야 하는 영원한 복음의 주제는 과연 무엇인가? "꿈을 디자인하라!"인가? "꿈이 있는 자는 망하지 않는다!" 인가? "생각하는 대로 말하고 행동하라!"인가? "삼일기도의 영적 파워"인가? 아니다. 신앙의 후세대에 계속해서 말하고 말해야 하는 영원한 복음의 주제는, 하나님의 백성이 범죄하는 날에는 필연적이고도 철저한 심판을 경험하게 된다는 것이다.

"팥중이가 남긴 것을 메뚜기가 먹고 메뚜기가 남긴 것을 느치가 먹고 느치가 남긴 것을 황충이 먹었도다"(욜 1:4)

범죄한 하나님의 백성에 대한 필연적이고도 완전한 파멸에 대한 심판의 경고는 이미 모압 평지에서 모세 선지자에 의해 영원한 증거의 노래로 하나님의 언약궤에 보관되었다.

"또 여호와께서 모세에게 이르시되 너는 네 조상과 함께 누우려니와 이 백성은 그 땅으로 들어가 음란히 그 땅의 이방 신들을 따르며 일어날 것이요 나를 버리고 내가 그들과 맺은 언약을 어길 것이라 내가 그들에게 진노하여 그들을 버리며 내 얼굴을 숨겨 그들에게 보이지 않게 할 것인즉 그들이 삼킴을 당하여 허다한 재앙과 환난이 그들에게 임할 그때에 그들이 말하기를 이 재앙이 우리에게 내림은 우리 하나님이 우리 가운데에 계시지 않은 까닭이 아니냐 할 것이라 또 그들이 돌이켜 다른 신들을 따르는 모든 악행으로 말미암아 내가 그때에 반드시 내 얼굴을 숨기리라 그러므로 이제 너희는 이 노래를 써서 이스라엘 자손들에게 가르쳐 그들의 입으로 부르게 하여 이 노래로 나를 위하여 이스라엘 자손들에게 증거가 되게 하라 내가 그들의 조상들에게 맹세한바 젖과 꿀이 흐르는 땅으로 그들을 인도하여 들인 후에 그들이 먹어 배부르고 살찌면 돌이켜 다른 신들을 섬기며 나를 멸시하여 내 언약을 어기리니 그들이 수많은 재앙과 환난을 당할 때에 그들의 자손이 부르기를 잊지 아니한 이 노래가 그들 앞에 증인처럼 되리라 나는 내가 맹세한 땅으로 그들을 인도하여 들이기 전 오늘 나는 그들이 생각하는 바를 아노라 그러므로 모세가 그날 이 노래를 써서 이스라엘 자손들에게 가르쳤더라"(신 31:16~22)

"모세가 이 율법의 말씀을 다 책에 써서 마친 후에 모세가 여호와의 언약궤를 메는 레위 사람에게 명령하여 이르되 이 율법책을 가져다가 너희 하나님 여호와의 언약궤 곁에 두어 너희에게 증거가 되게 하라 내가 너희의 반역함과 목이 곧은 것을 아나니 오늘 내가 살아서 너희와 함께 있어도 너희가 여호와를 거역하였거든 하물며 내가 죽은 후의 일이랴 너희 지파 모든 장로와 관리들을 내 앞에 모으라 내가 이 말씀을 그들의 귀에 들려주고 그들에게 하늘과 땅을 증거로 삼으리라 내가 알거니와 내가 죽은 후에 너희가 스스로 부패하여 내가 너희에게 명령한 길을 떠나 여호와의 목전에 악을 행하여 너희의 손으로 하는 일로 그를 격노하게 하므로 너희가 후일에 재앙을 당하리라 하니라"(신 31:24~29)

그렇다. 신앙의 세대에게 계속해서 불려야 하고, 전해져야 하는 영원한 복음의 주제는 하나님의 백성에 대한 심판의 경고이다. 그러므로 주님께서도 "주여! 주여!"는 열심히 하면서도 하나님의 뜻을 행하지 않은 교회세대는 철저하게 심판받을 것이라고 경고하셨다(마 7:21~23). 이와 관련해서 사도 바울은 원 가지들인 구약 이스라엘을 아끼지 않고 철저하게 심판하셨던 하나님께서 접붙임이 된 돌감람나무 가지인 교회 또한 아껴보지 않고 철저하게 심판하실 것을 경고했다(롬 11:21).

이스라엘 백성이 모세 선지자를 통해 시내산에서 하나님의 율법을 받은 이후로부터, 그리고 신약 교회세대가 사도들을 통해 예수 그리스도의 새 계명을 받은(요 15:1~12) 이후까지 영원히 불러야 하며 말하고 말해야 할 영원한 증거의 노래, 즉 영원한 복음의 주제는 비록 우리가 "주여! 주여!" 하는 하나님의 백성이 되었다고 할지라도 하나님께서 우리에게 명령하신 당신의 뜻을 지켜 행하지 않는다면 그 어떤 경우에도 이미 예언된 필연적이고 완전한 심판으로부터 예외가 될 수 없다는 경고의 메시지이다.

요엘 선지자는 환상 속에서 본 '팥중이, 메뚜기, 느치, 황충'(이하 메뚜기) 떼의 재앙을 보면서 다가오는 주의 날을 바라보았다. 그러면서 다가오는 '주의 날'인 '여호와의 날'이 범죄한 이스라엘에게는 희망의 날이 아닌 어둡고 캄캄한 날 곧 재앙과 심판의 날임을 인식했다.

"시온에서 나팔을 불며 나의 거룩한 산에서 경고의 소리를 질러 이 땅 주민들로 다 떨게 할지니 이는 여호와의 날이 이르게 됨이니라 이제 임박하였으니 곧 어둡고 캄캄한 날이요 짙은 구름이 덮인 날이라 새벽빛이 산꼭대기에 덮인 것과 같으니 이는 많고 강한 백성이 이르렀음이라 이와 같은 것이 옛날에도 없었고 이후에도 대대에 없으리로다 불이 그들의 앞을 사르며 불꽃이 그들의 뒤를 태우니 그들의 예전의 땅은 에덴동산 같았으나 그들의 나중의 땅은 황폐한 들 같으니 그것을 피한 자가 없도다"(욜 2:1~3)

장차 다가오는 여호와의 날은 이스라엘 백성을 철저하게 심판하는 파멸의 날이 될 것이다. 그날에 예루살렘은 황폐한 들이 될 것이다. 바로 이와 같은 사실 때문에 요엘 선지자는 이스라엘을 향해 진실한 회개를 촉구했던 것이다(욜 2:12~14).

하나님의 뜻은 행하지 않으면서 입술로만 "주여! 주여!" 하는 교회세대에게, 닥쳐올 주의 날은 문패 달린 천국 빌라를 들어가는 날이 아니다. 공중으로 붕 떠서 주님과 함께 땅에 쏟아지는 재앙을 바라보며 춤을 추는 날도 아니다. 그날은 열매는 없이 잎만 무성한 대로변의 무화과나무와 같은 교회세대가 신랑이신 주님으로부터 철저하게 외면당하는 심판의 날이다.

"나더러 주여 주여 하는 자마다 다 천국에 들어갈 것이 아니요 다만 하늘에 계신 내 아버지의 뜻대로 행하는 자라야 들어가리라 그날에 많은 사람이 나더러 이르되 주여 주여 우리가 주의 이름으로 선지자 노릇 하며 주의 이름으로 귀신을 쫓아내며 주의 이름으로 많은 권능을 행하지 아니하였나이까 하리니 그때에 내가 그들에게 밝히 말하되 내가 너희를 도무지 알지 못하니 불법을 행하는 자들아 내게서 떠나가라 하리라"(마 7:21~23)

"주여! 주여!" 하며 낙관적인 구원관에 젖어 자신의 천국행을 믿어 의심치 않고 이 땅에서 사는 날 동안 오로지 꿈은 이루어진다며 무조건적 축복관에 젖어 살았던 교회세대에게 주님으로부터 외면당하는 날이야말로 가장 무섭고도 두려운 심판의 날이 될 것이다. 그러므로 요한계시록은 거듭해서 교회들에게 그토록 회개를 촉구하는 것이다(계 1:9~11; 2:5, 16, 21~22; 3:3, 19~20).

예나 지금이나 "주여! 주여!" 하는 많은 신앙인이 여호와의 날을 사모하지만, 그러나 정작 다가오는 오는 여호와의 날은 빛의 날이 아니라 어둡고도 캄캄한 심판의 날이 될 것이다.

"화 있을진저 여호와의 날을 사모하는 자여 너희가 어찌하여 여호와의 날을 사모하느냐 그날은 어둠이요 빛이 아니라 마치 사람이 사자를 피하다가 곰을 만나거나 혹은 집에 들어가서 손을 벽에 대었다가 뱀에게 물림 같도다"(암 5:18~19)

"내가 보니 여섯째 인을 떼실 때에 큰 지진이 나며 해가 검은 털로 짠 상복같이 검어지고 달은 온통 피같이 되며 하늘의 별들이 무화과나무가 대풍에 흔들려 설익은 열매가 떨어지는 것 같이 땅에 떨어지며 하늘은 두루마리가 말리는 것같이 떠나가고 각 산과 섬이 제 자리에서 옮겨지매"(계 6:12~14)

다가오는 어둡고 캄캄한 심판의 날을 직시하는 충성되고 지혜 있는 종들은 부르기를 잊지 말아야 하는 영원한 증거의 노래를 불러야 한다. 그러므로 열매 없는 교회를 향해 심판의 경고를 말하고 말하라고 한다. 부르기를 잊지 말아야 하는 영원한 증거의 노래, 바로 이 심판의 경고가 충성되고 지혜 있는 종들이 나누어 주어야 할 "때를 따른 양식"(마 24:45)이다.

3. 하나님의 백성을 심판하기 위한 대적의 군대

하나님께서는 범죄한 이스라엘을 심판하셨다. 그 결과 이스라엘은 메뚜기 떼로 말미암은 엄청난 재앙을 경험했다.

"팥중이가 남긴 것을 메뚜기가 먹고 메뚜기가 남긴 것을 느치가 먹고 느치가 남긴 것을 황충이 먹었도다"(욜 1:4)

그런데도 이스라엘은 돌이키지 않았다. 요엘 선지자는 메뚜기 떼와 같은 자연 재앙으로도 돌아오지 않는 이스라엘 백성에게 그 옛날 모세 선지자가 모압 평지에서 범죄한 신앙의 후세대를 향해 경고했던 대적의 군대(신 28:47~57)가 장차 메뚜기 떼와 같이 이스라엘 땅을 향해 진격해 올 것을 경고했다.

이제 실제 메뚜기 떼의 재앙이 아니라, 메뚜기 떼로 상징된 대적의 군대가 이스라엘 땅을 향해 빽빽이 올라오는 어둡고 캄캄한 하나님의 심판의 날이 다가온다.

"시온에서 나팔을 불며 나의 거룩한 산에서 경고의 소리를 질러 이 땅 주민들로 다 떨게 할지니 이는 여호와의 날이 이르게 됨이니라 이제 임박하였으니 곧 어둡고 캄캄한 날이요 짙은 구름이 덮인 날이라 새벽빛이 산꼭대기에 덮인 것과 같으니 이는 많고 강한 백성이 이르렀음이라 이와 같은 것이 옛날에도 없었고 이후에도 대대에 없으리로다 불이 그들의 앞을 사르며 불꽃이 그들의 뒤를 태우니 그들의 예전의 땅은 에덴 동산 같았으나 그들의 나중의 땅은 황폐한 들 같으니 그것을 피한 자가 없도다 그의 모양은 말 같고 그 달리는 것은 기병 같으며 그들이 산꼭대기에서 뛰는 소리는 병거 소리와도 같고 불꽃이 검불을 사르는 소리와도 같으며 강한 군사가 줄을 벌이고 싸우는 것 같으니 그 앞에서 백성들이 질리고, 무리의 낯빛이 하얘졌도다 그들이 용사같이 달리며 무사같이 성을 기어오르며 각기 자기의 길로 나아가되 그 줄을 이탈하지 아니하며 피차에 부딪치지 아니하고 각기 자기의 길로 나아가며 무기를 돌파하고 나아가나 상하지 아니하며 성 중에 뛰어 들어가며 성 위에 달리며 집에 기어오르며 도둑 같이 창으로 들어가니 그 앞에서 땅이 진동하며 하늘이 떨며 해와 달이 캄캄하며 별들이 빛을 거두도다 여호와께서 그의 군대 앞에서 소리를 지르시고 그의 진영은 심히 크고 그의 명령을 행하는 자는 강하니 여호와의 날이 크고 심히 두렵도다 당할 자가 누구이랴"(욜 2:1~11)

그 옛날 모세 선지자는 모압 평지에서 행한 최후의 고별 설교에서 다가오는 이스라엘의 후세대를 향해, 비록 그들이 하나님을 섬기기는 섬기지만 기쁘고 즐거운 마음으로 하나님을 하나님답게 섬기지 않은 죄악 때문에(신 28:47) 장차 잔인한 대적의 군대에 의해 그들의 성읍이 에워싸이고 그 결과 보급로가 차단되어 양식을 구하지 못하게 될 것이며, 그날에 허기진 배를 채우기 위해 그들 가운데 비록 유순하고 연약한 여인이라 할지라도 자신의 다리 사이에서 나온 어린 자녀를 가만히 뜯어 먹는 전무후무한 참상을 경험하게 될 것이라고 예언했다.

"네가 모든 것이 풍족하여도 기쁨과 즐거운 마음으로 네 하나님 여호와를 섬기지 아니함으로 말미암아 네가 주리고 목마르고 헐벗고 모든 것이 부족한 중에서 여호와께서 보내사 너를 치게 하실 적군을 섬기게 될 것이니 그가 철 멍에를 네 목에 메워 마침내 너를 멸할 것이라 곧 여호와께서 멀리 땅 끝에서 한 민족을 독수리가 날아오는 것 같이 너를 치러 오게 하시리니 이는 네가 그 언어를 알지 못하는 민족이요 그 용모가 흉악한 민족이라 노인을 보살피지 아니하며 유아를 불쌍히 여기지 아니하며 네 가축의 새끼와 네 토지의 소산을 먹어 마침내 너를 멸망시키며 또 곡식이나 포도주나 기름이나 소의 새끼나 양의 새끼를 너를 위하여 남기지 아니하고 마침내 너를 멸절시키리라 그들이 전국에서 네 모든 성읍을 에워싸고 네가 의뢰하는 높고 견고한 성벽을 다 헐며 네 하나님 여호와께서 네게 주시는 땅의 모든 성읍에서 너를 에워싸리니 네가 적군에게 에워싸이고 맹렬한 공격을 받아 곤란을 당하므로 네 하나님 여호와께서 네게 주신 자녀 곧 네 몸의 소생의 살을 먹을 것이라 너희 중에 온유하고 연약한 남자까지도 그의 형제와 그의 품의 아내와 그의 남은 자녀를 미운 눈으로 바라보며 자기가 먹는 그 자녀의 살을 그중 누구에게든지 주지 아니하리니 이는 네 적군이 네 모든 성읍을 에워싸고 맹렬히 너를 쳐서 곤란하게 하므로 아무것도 그에게 남음이 없는 까닭일 것이며 또 너희 중에 온유하고 연약한 부녀 곧 온유하고 연약하여 자기 발바닥으로 땅을 밟아 보지도 아니하던 자라도 자기 품의 남편과 자기 자녀를 미운 눈으로 바라보며 자기 다리 사이에서 나온 태와 자기가 낳은 어린 자식을 남몰래 먹으리니 이는 네 적군이 네 생명을 에워싸고 맹렬히 쳐서 곤란하게 하므로 아무것도 얻지 못함이리라"(신 28:47~57)

그때로부터 600여 년이 지난 후 요엘 선지자는 선지자의 원형인 모세의 예언의 길을 따라 당대의 범죄한 이스라엘에게 하나님의 심판의 도구인 대적의 군대가 메뚜기 떼와 같이 올라와서 한때는 에덴동산과 같이 젖과 꿀이 흐르던 가나안 땅을 황무한 들과 같이 황폐화하는 엄청난 재앙이 다가옴을 경고하고 있다. 그러므로 요엘 선지자는 이스라엘 백성이 마음을 찢고 은혜롭고 자비로우신 하나님께로 돌아올 것을 외쳤던 것이다(욜 2:12~13). 그러나 선지자의 경고를 무시하고 회개하지 않았던 북이스라엘과 남유다는 기원전 722년과 586년에 각각 앗수르제국과 바벨론제국에 의해 초토화되는 비극적 종말을 경험하게 된다.

이스라엘의 후세대를 향해 요엘 선지자가 메뚜기 떼의 재앙으로 상징된 대적의 침략을 경고했듯이 요한계시록은 교회세대를 향해 황충의 재앙을 예언하고 있다.

> "다섯째 천사가 나팔을 불매 내가 보니 하늘에서 땅에 떨어진 별 하나가 있는데 그가 무저갱의 열쇠를 받았더라 그가 무저갱을 여니 그 구멍에서 큰 화덕의 연기 같은 연기가 올라오매 해와 공기가 그 구멍의 연기로 말미암아 어두워지며 또 황충이 연기 가운데로부터 땅 위에 나오매 그들이 땅에 있는 전갈의 권세와 같은 권세를 받았더라 그들에게 이르시되 땅의 풀이나 푸른 것이나 각종 수목은 해하지 말고 오직 이마에 하나님의 인 침을 받지 아니한 사람들만 해하라 하시더라 그러나 그들을 죽이지는 못하게 하시고 다섯 달 동안 괴롭게만 하게 하시는데 그 괴롭게 함은 전갈이 사람을 쏠 때에 괴롭게 함과 같더라 그날에는 사람들이 죽기를 구하여도 죽지 못하고 죽고 싶으나 죽음이 그들을 피하리로다 황충들의 모양은 전쟁

을 위하여 준비한 말들 같고 그 머리에 금 같은 관 비슷한 것을 썼으며 그 얼굴은 사람의 얼굴 같고 또 여자의 머리털 같은 머리털이 있고 그 이빨은 사자의 이빨 같으며 또 철 호심경 같은 호심경이 있고 그 날개들의 소리는 병거와 많은 말들이 전쟁터로 달려 들어가는 소리 같으며 또 전갈과 같은 꼬리와 쏘는 살이 있어 그 꼬리에는 다섯 달 동안 사람들을 해하는 권세가 있더라 그들에게 왕이 있으니 무저갱의 사자라 히브리어로는 그 이름이 아바돈이요 헬라어로는 그 이름이 아볼루온이더라"(계 9:1~11)

그 옛날 선지자 요엘이 경고했던 하나님의 심판의 도구인 황충 떼가 종말의 교회세대를 향해 군대의 모습으로 달려오고 있다는 것은 교회세대에게도 하나님의 철저한 심판이 준비되고 있음을 의미한다.

하나님의 백성이 심판받는 이유는 그들이 하나님을 섬기지 않아서가 아니라, "주여! 주여!" 하지 않아서가 아니라, 기쁘고 즐거운 마음 즉 처음 사랑의 행위를 잃어버림 때문이다. 하나님을 섬기기는 섬겨도 기쁘고 즐거운 마음으로 섬기지 아니함 때문에(신 28:47) 메뚜기 떼와 같은 대적의 군대에 의해 구약 이스라엘이 멸절의 심판을 경험했듯이 교회세대 또한 인자가 다시 올 때 믿음을 보겠느냐는 비극적 예언의 길을 따라 하나님을 섬기기는 섬겨도 처음 사랑의 행위를 잃어버린(계 2:4~5) 죄악 때문에 원수의 세력인 황충의 군대에 의해 심각한 심판의 재앙을 경험하게 된다.

하나님께서는 범죄한 교회세대에 유혹을 역사하게 하신다. 그래서 거짓 된 것을 믿게 하려고 모든 능력과 표적과 거짓 기적과 함께 나타나는 거짓 선지자의 미혹으로 교회세대를 향한 하나님의 심판이 성취된다.

> "악한 자의 나타남은 사탄의 활동을 따라 모든 능력과 표적과 거짓 기적과 불의의 모든 속임으로 멸망하는 자들에게 있으리니 이는 그들이 진리의 사랑을 받지 아니하여 구원함을 받지 못함이라 이러므로 하나님이 미혹의 역사를 그들에게 보내사 거짓 것을 믿게 하심은 진리를 믿지 않고 불의를 좋아하는 모든 자들로 하여금 심판을 받게 하려 하심이라"(살후 2:9~12)

모세 선지자와 요엘 선지자는 범죄한 이스라엘을 심판하기 위해 원수의 군대가 메뚜기 떼와 같이 침략해 올 것을 경고했지만, 주님께서는 범죄한 교회를 향해 거짓 그리스도와 거짓 선지자의 미혹이 광야와 골방 여기저기에 빽빽하게 역사할 것을 경고하셨다(마 24:5, 11, 23~26).

거짓 그리스도와 거짓 선지자의 미혹은 하나님의 신부 된 교회를 음행하게 하는 다른 예수와 다른 복음과 다른 영의 역사로 나타난다(고후 11:2~4).

지금 교회 안에는 가라지를 심는 원수의 역사가 거짓 그리스도와 거짓 선지자의 미혹으로 나타나 거짓된 구원, 거짓된 축복을 믿는 가라지를 빽빽이 자라게 하고 있다. 지금 교회 안에는 메뚜기 떼와 같은 거짓 그리스도와 거짓 선지자의 미혹이 광야와 골방 여기저기서 진을 치고 있다(마 24:24~26).

오늘 교회 안에는 하나님의 말씀을 가감(加減)한 거짓 그리스도와 거짓 선지자의 미혹으로 인해 하나님 말씀의 본질 그대로 듣기 힘든 말씀의 기갈 시대를 경험하고 있다. 하나님의 말씀이 가감되면 그것은 생명의 말씀이 아니라 교회를 죽이는 미혹이다(계 22:18~19).

아모스 선지자는 깜부기와 팥중이로 말미암은 기근의 재앙보다도 더 무서운 말씀의 기갈 시대를 예언하고 있다.

"내가 곡식을 마르게 하는 재앙과 깜부기 재앙으로 너희를 쳤으며 팥중이로 너희의 많은 동산과 포도원과 무화과나무와 감람나무를 다 먹게 하였으나 너희가 내게로 돌아오지 아니하였느니라 여호와의 말씀이니라"(암 4:9)

"주 여호와의 말씀이니라 보라 날이 이를지라 내가 기근을 땅에 보내리니 양식이 없어 주림이 아니며 물이 없어 갈함이

아니요 여호와의 말씀을 듣지 못한 기갈이라"(암 8:11)

　지금 교회 안에는 그 옛날 요엘 선지자가 예언했던 범죄한 이스라엘을 심판하기 위한 메뚜기 떼와 같은 대적의 군대보다도 더 무서운 거짓 그리스도와 거짓 선지자의 미혹이 범죄한 교회세대를 심판하기 위해 광야와 골방 여기저기서 황충 떼같이 역사하고 있다.

4. 부르기를 잊지 말아야 할 영원한 증거의 노래

범죄한 이스라엘을 향한 메뚜기 떼의 재앙 경고는 자녀에게 알리고 알려 후 시대에 전해야 할 영원한 복음이다(욜 1:3~4). 그 내용은 아무리 택함을 받은 하나님의 백성(신 7:6)이라고 할지라도 하나님께서 그들에게 명하신 모든 명령과 규례를 지켜 행하지 않으면(신 28:15, 58) 하나님의 철저한 파멸의 심판을 피할 수 없다는 경고의 나팔 소리이다.

모세 선지자는 최후의 고별 설교에서 다가오는 신앙의 세대가 여호와의 목전에 악을 행함으로 반드시 그들이 들어가 얻는 가나안 땅에서 뽑히고 멸절하게 될 것을 영원한 증거의 노래로 불렀다.

"네가 만일 이 책에 기록한 이 율법의 모든 말씀을 지켜 행하지 아니하고 네 하나님 여호와라 하는 영화롭고 두려운 이름을 경외하지 아니하면"(신 28:58)

"너희가 하늘의 별같이 많을지라도 네 하나님 여호와의 말씀을 청종하지 아니하므로 남는 자가 얼마 되지 못할 것이라 여호와께서 너희에게 선을 행하시고 너희를 번성하게 하시기를 기뻐하시던 것같이 이제는 여호와께서 너희를 망하게 하시며 멸하시기를 기뻐하시리니 너희가 들어가 차지할 땅에서 뽑힐 것이요"(신 28:62~63)

"그러므로 이제 너희는 이 노래를 써서 이스라엘 자손들에게 가르쳐 그들의 입으로 부르게 하여 이 노래로 나를 위하여 이스라엘 자손들에게 증거가 되게 하라 내가 그들의 조상들에게 맹세한바 젖과 꿀이 흐르는 땅으로 그들을 인도하여 들인 후에 그들이 먹어 배부르고 살찌면 돌이켜 다른 신들을 섬기며 나를 멸시하여 내 언약을 어기리니 그들이 수많은 재앙과 환난을 당할 때에 그들의 자손이 부르기를 잊지 아니한 이 노래가 그들 앞에 증인처럼 되리라"(신 31:19~21전)

하나님께서 모세 선지자에게 '다가오는 장래에 이스라엘 백성이 철저한 심판을 받을 것이라는 예언의 말씀을 언약의 증거궤에 넣으라'(신 31:24~26)고 하셨던 것은 이 심판의 예언이 먼 훗날 하나님께서 작정하신 원수의 군대에 의해 이스라엘이 철저하게 파멸하는 날, 그들 앞에 영원한 증인처럼 되게 하시기 위함이다.

"그들이 수많은 재앙과 환난을 당할 때에 그들의 자손이 부르기를 잊지 아니한 이 노래가 그들 앞에 증인처럼 되리라 나는 내가 맹세한 땅으로 그들을 인도하여 들이기 전 오늘 나는 그들이 생각하는 바를 아노라"(신 31:21)

이 영원한 증거의 노래, 그 노래의 주제는 "꿈이 있는 자는 망하지 않는다."가 아니라 "행음한 이스라엘은 그 어떤 경우에도 하나님이 작정하신 심판을 피할 수 없다."는 경고였다. 그래서 이스라엘 역사에 등장했던 모든 선지자, 즉 하나님의 증인들은 범죄한 신앙의 세대인 이스라엘, 하나님을 떠나 다른 신을 섬기며 하나님의 언약을 어긴 행음한 도성 예루살렘을 향해 재앙을 경고하면서 회개를 선포했던 것이다. 그러나 그때마다 극소수의 참 선지자들, 극소수의 참 증인들을 제외한 제사장과 종교 지도자 대부분이 항상 아브라함 자손은 무조건 구원받고, 복을 받고, 해결을 받고, 꿈을 이루고, 생각하고 말한 대로 만사가 이루어진다고 줄기차게 짖어댔다(사 56:10~11).

거짓 선지자들은 부르기를 잊지 말아야 하는 영원한 증거의 노래, 즉 심판의 경고를 전부 변개(變改)해서 평강 타령으로 개작하여 불렀다. 그들이 쉬지 않고 불렀던 꿈 타령, 복 타령, 해결 타령의 유행가들, 즉 이스라엘 백성으로 땅의 것을 바라보게 하는 그들의 세속화된 가르침들이 바로 하나님의 말씀을 가감한 용서받지 못할 죄악이다(계 22:18~19).

요한계시록은 하나님의 참 증인들인 선지자들이 부르기를 잊지 않았던 그 영원한 증거의 노래, 즉 영원한 복음의 길을 따라 하나님의 말씀대로 신앙하지 않고 열매 맺지 못하는 잎만 무성한 무화과나무같이 세속화되어 버린 교회세대를 향해 심판을 경고하면서 회개를 촉구하고 있다(계 2:5, 16, 22~23; 3:3, 18~19).

요한계시록 11:3에 등장하는 "굵은 베옷을 입은 두 증인"은 구약의 참 증인들인 선지자들이 부르기를 잊지 않았던 영원한 증거의 노래를 세속화된 교회세대를 향해 부르는 신약의 참 종들, 즉 충성되고 지혜 있는 종들이다(마 24:45).

"내가 나의 두 증인에게 권세를 주리니 저희가 굵은 베옷을 입고 일천이백육십 일을 예언하리라"(계 11:3)

하나님께서는 요한에게 보여 주신 굵은 베옷을 입은 두 증인의 환상을 통해, 들을 귀 있는 충성되고 지혜 있는 종들이, 거짓 그리스도와 거짓 선지자의 미혹에 빠져 특권 타령, 복 타령, 해결 타령, 꿈 타령에 젖어 있는 세속화된 교회세대를 향해 부르기를 잊지 말아야 하는 영원한 증거의 노래, 곧 그 영원한 복음의 길을 따라 회개에 합당한 열매 맺는 삶이 없는 교회는 반드시 심판받을 것임을 외치라고 명령하고 계

신다. 그러므로 들을 귀 있는 자는 성령이 교회들에게 하시
는 말씀(계 2~3장)을 듣고 이 땅에서의 번영과 성공을 꿈꾸
는 목회 야욕을 버리고 지금 당장 굵은 베옷을 입고 야곱의
허물과 이스라엘의 죄를 고(告)해야 한다(사 58:1; 미 3:8).

5. 황충의 재앙, 미혹의 재앙

요엘 선지자는 이스라엘 백성이 일전에 경험했던 메뚜기 떼의 재앙을 환기하면서 그들이 만약 회개하지 않을 시에는 실제 메뚜기 떼의 재앙보다도 더 무서운 원수의 군대가 메뚜기 떼처럼 그들을 치러 올라와서 그들을 철저하게 파멸시킬 것을 경고했다.

요엘 선지자는 메뚜기, 곧 황충의 떼와 같이 예루살렘을 치러 올라오는 바벨론 군대의 발흥을 바라보았다(욜 2:1~11). 범죄한 이스라엘을 심판하기 위해 장차 원수의 군대가 메뚜기 떼처럼 이스라엘 땅을 뒤덮을 것이다. 이처럼 범죄한 구약 이스라엘을 멸절하려는 황충의 떼가 원수의 군대를 상징하고 있다면, 범죄한 교회세대를 향해 보내진 경고의 편지인 요한계시록(계 1:9~11)에서 경고하는 황충의 재앙(계 9:1~11)은 어떤 원수의 세력을 상징하고 있는가? 과연 요한계시록에서 경고하고 있는 다섯 번째 화(계 8:13)의 재앙인 황충의 떼가 중동의 연합군인가? 아니면 소련 군대인가? 아니면 중공 군대인가?

한때, 미국을 중심으로 하는 자유 진영과 소련을 중심으로 하는 공산 진영이 첨예하게 대립하고 있을 당시에 많은 요한계시록 해석자 대부분이 계시록에 등장하는 악한 세력의 군대를 소련군이나 중공군으로 이해했다. 그러나 지금은 소련도 해체되었고, 중공도 자유경제 체제로 편입되어 세계 경제의 한 축으로 중요한 역할을 담당하고 있다. 그래서 턱 밑의 대만을 향해서도 함부로 대포 한 발을 쏠 수 없고 해상 영유권 분쟁이 있어도 동남아 여러 나라와 일본을 향해 쉽사리 총 한 발을 쏠 수 없는 시대이다. 이처럼 글로벌 자유 경제체제 하에서 미국과 더불어 세계 경제의 양대 축을 이루고 있는 중국이기에 대만을 향해서 대포 한 발을 날리고, 일본을 향해서 총 한 발이라도 쏘게 될 때는 전 세계 경제 체제가 요동하게 된다. 그런데 어떻게 2억의 군대를 아랍 지역으로 파병할 수 있단 말인가?

구약의 모든 선지자는 범죄한 이스라엘을 치러 올라오는 대적의 군대를 앗수르제국 바벨론제국 헬라제국 로마제국 이라고 분명히 직시했다. 그렇다면 세속화된 음란한 교회세대를 징벌하기 위한 하나님의 심판의 도구인 원수의 세력을 주님께서 어떻게 예언하고 계시는가를 유의해서 살펴보아야 한다. 분명한 사실은 주님께서는 잠든 신약의 교회세대를 징벌할 하나님의 도구인 원수의 세력을 소련군이나 중공군이나 아랍연합군이라고 예언하지 않으셨다는 사실이다.

그렇다면 주님께서는 신약 교회세대 가운데 등장할 원수의 세력을 어떤 군대라고 지목하셨는가? 이 군대는 바로, 주인의 밭에 가라지를 심는 악한 세력이다. 이 악한 세력이 바로 잠든 교회세대를 징벌하기 위한 하나님의 심판의 도구인 원수의 군대이다.

> "예수께서 그들 앞에 또 비유를 들어 이르시되 천국은 좋은 씨를 제 밭에 뿌린 사람과 같으니 사람들이 잘 때에 그 원수가 와서 곡식 가운데 가라지를 덧뿌리고 갔더니 싹이 나고 결실할 때에 가라지도 보이거늘 집 주인의 종들이 와서 말하되 주여 밭에 좋은 씨를 뿌리지 아니하였나이까 그런데 가라지가 어디서 생겼나이까 주인이 이르되 원수가 이렇게 하였구나 종들이 말하되 그러면 우리가 가서 이것을 뽑기를 원하시나이까 주인이 이르되 가만 두라 가라지를 뽑다가 곡식까지 뽑을까 염려하노라"(마 13:24~30)

주인의 밭인 교회세대에 가라지를 심는 원수의 세력은 바로 거짓 그리스도와 거짓 선지자이다. 그러므로 주님께서는 종말을 예언하신 감람산 강화에서 소련군, 중공군, 아랍연합군의 침략을 경고하신 것이 아니라, 거짓 그리스도와 거짓 선지자의 미혹을 무려 3번에 걸쳐서 경고하셨던 것이다 (마 24:4~5, 11, 23~26).

이사야 선지자는 남유다의 패역을 책망하면서 하나님의 도성 예루살렘의 거리를 활보하는 많은 지도자와 백성이 하나같이 입으로는 하나님을 가까이하고 입술로는 하나님을 존경하지만, 마음으로는 하나님을 떠났다고 했다. 그러면서 그는 이와 같은 신앙의 방종이 이스라엘 가운데 넘쳐나는 이유는 하나님의 말씀에 맹인 된 지도자들이 마치 포도주에 취하고 독주에 비틀거림같이 하나님의 이상을 잘못 이해하고 해석해서 어리석은 백성들에게 가르쳤기 때문임을 경고했다.

"너희는 놀라고 놀라라 너희는 맹인이 되고 맹인이 되라 그들의 취함이 포도주로 말미암음이 아니며 그들의 비틀거림이 독주로 말미암음이 아니니라 대저 여호와께서 깊이 잠들게 하는 영을 너희에게 부어 주사 너희의 눈을 감기셨음이니 그가 선지자들과 너희의 지도자인 선견자들을 덮으셨음이라 그러므로 모든 계시가 너희에게는 봉한 책의 말처럼 되었으니 그 것을 글 아는 자에게 주며 이르기를 그대에게 청하노니 이를 읽으라 하면 그가 대답하기를 그것이 봉해졌으니 나는 못 읽겠노라 할 것이요 또 그 책을 글 모르는 자에게 주며 이르기를 그대에게 청하노니 이를 읽으라 하면 그가 대답하기를 나는 글을 모른다 할 것이니라 주께서 이르시되 이 백성이 입으로는 나를 가까이하며 입술로는 나를 공경하나 그들의 마음은

내게서 멀리 떠났나니 그들이 나를 경외함은 사람의 계명으로

가르침을 받았을 뿐이라"(사 29:9~13)

하나님의 말씀의 정로를 떠나 마치 술에 취함같이 비틀거
리는 맹인 된 지도자들이 바로 입으로만 하나님을 가까이하
고 입술로만 하나님을 존경하는 가라지를 예루살렘 거리에
심은 하나님의 원수들이다.

오늘 교회세대 안에도 부모와 처자를 미워하기까지 예
수 그리스도를 사랑하며 모든 소유를 버리기까지 제자의 길
을 걸어갈 것을 명하신 주님의 요구(눅 14:26~27, 33)인 하
나님의 뜻은 행하지 않고 인생의 장밋빛 꿈에 취해 입으로
만 신바람 나게 "주여! 주여!" 하는 가라지들이 이토록 교회
안에 **빽빽**한 것은 무엇 때문인가? 바로 하나님의 종들인 목
사들이 하나님의 말씀의 정로를 떠나 포도주에 취함같이 세
속화된 사람의 계명과 같은 평강 타령의 꿈 믿음과 긍정 믿
음으로 백성을 어리석은 방종의 길로 인도하고 있기 때문이
다.

주님께서는 구약 이스라엘의 역사가 하나님으로부터 보
냄을 받은 선지자들을 돌로 치는 범죄한 세대였음을 지적하
시고, 또 그와 같은 죄를 범했던 지도자들의 후예인 서기관
들과 바리새인들을 뱀과 독사의 새끼들로 저주하셨다.

"화 있을진저 외식하는 서기관들과 바리새인들이여 너희는 선지자들의 무덤을 만들고 의인들의 비석을 꾸미며 이르되 만일 우리가 조상 때에 있었더라면 우리는 그들이 선지자의 피를 흘리는 데 참여하지 아니하였으리라 하니 그러면 너희가 선지자를 죽인 자의 자손임을 스스로 증명함이로다 너희가 너희 조상의 분량을 채우라 뱀들아 독사의 새끼들아 너희가 어떻게 지옥의 판결을 피하겠느냐 그러므로 내가 너희에게 선지자들과 지혜 있는 자들과 서기관들을 보내매 너희가 그중에서 더러는 죽이거나 십자가에 못 박고 그중에서 더러는 너희 회당에서 채찍질하고 이 동네에서 저 동네로 따라다니며 박해하리라 그러므로 의인 아벨의 피로부터 성전과 제단 사이에서 너희가 죽인 바라갸의 아들 사가랴의 피까지 땅 위에서 흘린 의로운 피가 다 너희에게 돌아가리라 내가 진실로 너희에게 이르노니 이것이 다 이 세대에 돌아가리라"(마 23:29~36)

물론 주님 당대의 서기관들과 바리새인들이 하나님의 모든 선지자를 돌로 치지는 않았다. 그러나 앞선 시대의 모든 선지자를 돌로 쳤던 조상들의 죄악을 담당해야 하는 그들이 그 시대의 뱀이고 독사의 새끼들이다. 오늘 교회 안에도 이들의 계보를 따라 모든 선지자를 돌로 친 조상들의 죄악을 담당해야 하는 뱀과 독사의 새끼들인 거짓 그리스도와 거짓 선지자들이 무수하다.

또한 주님께서는 이들 서기관들과 바리새인들의 죄를 예루살렘 도성의 죄악으로 비유해서 말씀하셨다.

"예루살렘아 예루살렘아 선지자들을 죽이고 네게 파송된 자들을 돌로 치는 자여 암탉이 그 새끼를 날개 아래에 모음 같이 내가 네 자녀를 모으려 한 일이 몇 번이더냐 그러나 너희가 원하지 아니하였도다 보라 너희 집이 황폐하여 버려진 바 되리라"(마 23:37~38)

결국 아담 한 사람이 모든 사람을 죄인 만든 것같이 하나님의 모든 선지자를 돌로 친 예루살렘 도성의 죄악은 바로 서기관들과 바리새인들의 죄악이다.

오늘 교회세대 안에는 음행의 포도주, 즉 경건한 하나님의 말씀을 이익의 재료로 만들어 세속화시키고 변질시킨 그릇된 교훈을 가진 수없이 많은 거짓 선지자인 목사가 마지막 타락한 음행의 교회세대를 활보하며 왕 노릇 하고 있다. 그들이 바로 세속화되고 타락한 모든 교회세대의 죄를 짊어져야 할 이 시대의 뱀들이고 독사의 새끼들이다. 이들의 죄악이 바로 타락하고 세속화한 음란한 예루살렘, 곧 오늘날의 '타락한 교회세대'의 또 다른 이름인 '큰 성 바벨론'의 죄악이다.

결국 음행의 포도주를 흘러내는 큰 성 바벨론(계 18:3)의 죄악은 바로 오늘 교회세대를 활보하며 하나님의 말씀을 가 감하여 세속화시킨 거짓 선지자들의 죄악이다. 이들이 바로 가짜 믿음표와 가짜 구원표를 남발하며 바다와 육지를 두루 다녀서 교인 하나를 만나 배나 지옥 자식이 되게 하는 서기 관들과 바리새인들의 계보를 이은 오늘 이 시대의 뱀들이고 독사의 새끼들이다(마 23:15).

하나님의 백성이 하나님의 백성답지 못할 때, 하나님의 종이 하나님의 종답지 못할 때, 그들이 바로 소돔의 관원이 되고 고모라의 백성이 된다(사 1:10). 예수 그리스도의 신부 된 신실한 교회가 거룩한 성 새 예루살렘이라면, 이들 거짓 선지자들과 그들이 교회 안에 뿌린 "주여! 주여!" 하는 가라 지 교인들이 멸망 받을 큰 성 바벨론이다. 지금 교회세대는 음행의 포도주에 취하여 사치의 세력으로 치부하고 있다.

"그 음행의 진노의 포도주로 말미암아 만국이 무너졌으며 또 땅의 왕들이 그와 더불어 음행하였으며 땅의 상인들도 그 사치의 세력으로 치부하였도다 하더라"(계 18:3)

6. 마음을 찢고 너희 하나님 여호와께로 돌아올지어다

　요엘 선지자의 예언의 관심은 오직 성전(욜 1:9, 13~17; 2:17)과 시온산(욜 2:1, 15, 32; 3:14~18)과 유다와 예루살렘(욜 2:32; 3:17)이다. 여기서 성전과 시온산과 유다와 예루살렘은 하나님의 나라를 상징한다. 결국 요엘 선지자의 예언은 인생의 길흉화복이 아니라 하나님 나라의 미래다. 그에게 있어 하나님의 나라는 삶의 모든 것이다.

　이제 그는 하나님의 전에서 소제와 전제를 드릴 수 없는 파멸의 날이 다가옴을 경고한다.

　　"제사장들아 너희는 굵은 베로 동이고 슬피 울지어다 제단에 수종 드는 자들아 너희는 울지어다 내 하나님께 수종 드는 자들아 너희는 와서 굵은 베 옷을 입고 밤이 새도록 누울지어다 이는 소제와 전제를 너희 하나님의 성전에 드리지 못함이로다"(욜 1:13)

　하나님의 성전에서부터 절망과 슬픔이 시작될 것이다. 오로지 마음을 다하여 하나님께로 돌아가는 참다운 회개만이 이 절망과 슬픔을 종식한다.

결국, 하나님께서 요엘 선지자를 통해 여호와의 심판의 날을 선포한 궁극적인 목적은 자기 백성의 멸망이 아니라 그들로 심판의 두려움을 인식하고 회개하여 구원을 얻도록 하기 위함이다.

이스라엘 백성이 옷을 찢는다는 것은 무서운 재앙이나 극심한 재난에 직면했을 때 행하는 슬픔의 표현이다. 그러나 이런 행동은 점차 통회하는 심령의 표현이라는 본래의 의미를 상실하고 가식적이고 습관적인 관습적 행동으로 변질해서 이스라엘 백성의 외식 신앙의 대표적인 사례가 되었다.

이스라엘은 형식적 회개를 지양하고 통회하는 마음으로 진실하게 회개해야 했다. 그리고 이 회개의 책임은 이스라엘 백성 가운데 일부가 아니라 이스라엘 백성 모두에게 주어져 있다. 이런 전 국가적 차원의 회개 촉구는 그 어떤 사람도 참된 회개가 없이는 하나님의 백성이 될 수 없음을 경고한다.

교회는 '어린양의 신부'라는 의미에서 '거룩한 성 예루살렘'이다(계 21:9~10). 그러나 교회가 하나님과 원수 된 세상(요일 2:15~17)과 짝하면 하나님의 원수 바벨론 성이 된다. 그러므로 야고보 선생은 교회를 향해 세상과 간음하는 죄를 회개하라고 촉구한다.

"간음한 여인들아 세상과 벗된 것이 하나님과 원수 됨을 알지 못하느냐 그런즉 누구든지 세상과 벗이 되고자 하는 자는 스스로 하나님과 원수 되는 것이니라"(약 4:4)

"하나님을 가까이하라 그리하면 너희를 가까이하시리라 죄인들아 손을 깨끗이 하라 두 마음을 품은 자들아 마음을 성결하게 하라 슬퍼하며 애통하며 울지어다 너희 웃음을 애통으로, 너희 즐거움을 근심으로 바꿀지어다"(약 4:8~9)

회복은 긍정적 마인드를 통해서 주어지는 것이 아니라 마음을 찢는 회개로부터 주어진다. 마음을 찢는 회개는 곧 마음을 다하여 하나님께로 돌아가는 행동이다. 참된 회개와 금식은 당면한 인생 문제를 해결을 위한 사생결단의 몸부림이 아니다. 하나님의 말씀에 불순종함으로 하나님에게서 너무나 멀어진 죄악 된 삶을 청산하고 다시 하나님의 말씀에 순종하는 삶을 살기 위한 신앙의 몸부림이다.

하나님께서 기뻐 받으시는 예배의 본질은 하나님께 자신을 드림에 있다. 따라서 자신을 온전히 드리지 못하는 소제와 전제, 기도와 헌물은 하나님과 상관없는 인간의 종교 제의에 불과하다.

하나님께 자신을 드린다는 것은 하나님께 삶을 드림이다. 하나님께 삶을 드린다는 것은 하나님의 말씀 앞에 자신

이 죽는 것을 의미한다. 말씀 앞에 내가 죽는다는 것은 그 말
씀대로 순종함을 의미한다. 하나님의 회복은 결국 하나님의
말씀에 순종하는 자에게 주어지는 복이다.

7. 너희 자녀에게 말하라

"너희 자녀에게 말하라!"(욜 1:3)는 말씀은 구약 성경에서 오랜 전통을 지닌 하나님의 명령이다. 구약 이스라엘 백성은 여호와의 옛적 기사, 즉 출애굽의 구원을 허락하신 하나님의 은혜를 잊지 않고 기억하며 그 놀라운 구원의 은혜를 계속해서 다가오는 신앙의 후세대에 전하고 전해야 했다. 하나님께서 그들에게 베푸신 놀라운 구원의 은혜를 기억하며 그 구원의 은혜를 후세대에 전하면서 하나님의 명령과 규례와 법도를 지켜 행해야 했다.

"너희의 하나님 여호와께서 너희에게 명하신 명령과 증거와 규례를 삼가 지키며 여호와께서 보시기에 정직하고 선량한 일을 행하라 그리하면 네가 복을 받고 그 땅에 들어가서 여호와께서 모든 대적을 네 앞에서 쫓아내시겠다고 네 조상들에게 맹세하신 아름다운 땅을 차지하리니 여호와의 말씀과 같으니라 후일에 네 아들이 네게 묻기를 우리 하나님 여호와께서 명령하신 증거와 규례와 법도가 무슨 뜻이냐 하거든 너는 네 아들에게 이르기를 우리가 옛적에 애굽에서 바로의 종이 되었더니 여호와께서 권능의 손으로 우리를 애굽에서 인도하여 내셨나니 곧 여호와께서 우리의 목전에서 크고 두려운 이적과 기사를 애굽과 바로와 그의 온 집에 베푸시고 우리 조상들에게 맹세하신 땅을 우리에게 주어 들어가게 하시려고 우리를 거기서 인도하여 내시고 여호와께서 우리에게 이 모든 규례를 지키라 명령하셨으니 이는 우리가 우리 하나님 여호와를 경외하여 항상 복을 누리게 하기 위하심이며 또 여호와께서 우리를 오늘과 같이 살게 하려 하심이라 우리가 그 명령하신 대로 이 모든 명령을 우리 하나님 여호와 앞에서 삼가 지키면 그것이 곧 우리의 의로움이니라 할지니라"(신 6:17~25)

왜 이스라엘 백성은 하나님께서 그들에게 명하신 모든 명령을 지켜 행해야 하는가? 그것은 그들이 하나님의 능력과 권능으로 애굽에서 구원을 받았기 때문이다. 이처럼 구원의 은혜를 기억하고 감사하는 믿음의 삶은 하나님께서 이스라엘 백성에게 명령하신 정도의 말씀인 규례와 법도를 지켜 행하는 삶과 함께한다. 이스라엘 백성이 하나님께서 그들에게 베푸신 구원의 은혜를 기억하고 감사하는 것은 오로지 하나님의 모든 명령을 지켜 행하는 그들의 삶을 통해서만 입증이 된다. 그러므로 구원의 은혜를 기억하고 감사한다는 것은 지식과 감정만의 문제가 아니라 행동의 문제이다.

하나님의 모든 명령을 지켜 행하지 않는 사람은 구원의 은혜를 기억하고 감사하는 사람이 아니다. 구약 이스라엘 백성이 하나님께서 그들에게 베푸신 구원의 은혜를 기억하고 감사한다는 의미는 하나님만이 자신들을 애굽의 고역에서 구원해 주신 구원의 주가 되심을 믿는다는 것이다. 결국 믿음 생활은 문제 해결 받고 꿈을 디자인하고 긍정의 힘을 신뢰하는 삶이 아니라 하나님의 모든 명령을 순종하는 행함의 삶이다.

오늘 우리 교회도 죄와 사망에서 구원하신 예수 그리스도의 십자가 구속의 은혜를 기억하고 감사한다. 그래서 예수 그리스도가 우리를 죄와 사망에서 구원하신 구원의 주가 되심을 신앙 고백한다. 바로 이것이 믿음이다. 그러므로 구약 이스라엘 백성이 하나님께서 그들에게 구원의 주가 되심을 믿었기 때문에 하나님의 모든 명령을 지켜 행해야 했듯이 예수 그리스도가 구원의 주가 되심을 믿는 오늘 교회도 그분의 계명을 지켜 행해야 한다(요 14:15, 21; 15:10~12;).

사랑은 율법의 완성이고 모든 것이다(롬 13:8~10). 그러므로 구원받은 교회는 예수 그리스도께서 명령하신 사랑의 계명(요 15:12)을 실천함으로 구약 이스라엘 백성이 지켜 행해야 했던 율법의 모든 명령과 규례를 지켜 행하게 된다. 따라서 하나님이 그들의 구원의 주가 되심을 믿는 구약 이스라엘 백성의 믿음의 삶에 하나님의 모든 명령을 지켜 행하는 행함의 삶이 함께 있어야 했듯이(창 18:19; 레 19:37; 신 7:11; 8:1; 왕하 17:37; 대하 33:8; 느 1:9; 겔 18:9) 예수 그리스도가 구원의 주가 되심을 믿는 교회의 믿음 생활에도 반드시 하나님의 모든 명령을 지켜 행하는 행함의 삶이 함께 있어야 한다. 이처럼 믿음은 행함과 함께 일하고 행함으로 온전해진다(약 2:22).

히브리서 기자는 우리 교회가 받은 구원의 은혜가 구약 이스라엘 백성이 받았던 구원의 은혜보다 더 큰 구원임을 말하면서 교회를 향해 구원의 은혜를 등한히 여기지 말고 간절히 유념함으로 구원의 은혜에서 떠내려가지 않도록 조심할 것을 경고했다.

> "그러므로 우리는 들은 것에 더욱 유념함으로 우리가 흘러 떠내려가지 않도록 함이 마땅하니라 천사들을 통하여 하신 말씀이 견고하게 되어 모든 범죄함과 순종하지 아니함이 공정한 보응을 받았거든 우리가 이같이 큰 구원을 등한히 여기면 어찌 그 보응을 피하리요 이 구원은 처음에 주로 말씀하신 바요 들은 자들이 우리에게 확증한 바니 하나님도 표적들과 기사들과 여러 가지 능력과 및 자기의 뜻을 따라 성령이 나누어 주신 것으로써 그들과 함께 증언하셨느니라"(히 2:2~4)

사도 바울도 구원받은 교회에게 더욱더 두렵고 떨림으로

구원을 이루어갈 것을 명령했다.

> "나의 사랑하는 자들아 너희가 나 있을 때뿐 아니라 더욱
> 지금 나 없을 때에도 항상 복종하여 두렵고 떨림으로 너희 구
> 원을 이루라"(빌 2:12)

우리가 받은 더 큰 구원을 등한히 여기지 않고 유념하여
삼가며, 구원의 은혜에서 떨어지지 않도록 두렵고 떨림으로
구원을 이루어가는 믿음의 삶은 어떤 것인가? 과연 믿음의
삶이 문제 해결을 확신하며 사생결단으로 열심히 기도하는
삶인가? 아니면 꿈을 디자인하며 긍정으로 말하고 행동하
는 삶인가? 아니다. 구약 이스라엘 백성이 구원의 은혜를 기
억하고 감사함으로 하나님께서 명하신 모든 명령을 지켜 행
해야 했듯이 더 큰 구원의 은혜를 받은 교회는 당연히 더욱
더 힘써 하나님께서 명하신 모든 명령을 지켜 행해야 한다.
바로 이 행함의 삶이 두렵고 떨림으로 구원을 이루어가는
믿음의 삶이다.

시편 기자 또한 하나님께서 이스라엘 백성에게 베푸신 구
원의 은혜를 기억하고 감사하며 후세대에 계속해서 전하고
전하는 믿음의 삶은 하나님께서 그들에게 명하신 모든 명령
을 지켜 행하는 순종의 삶과 함께 있음을 증언한다.

"우리가 이를 그들의 자손에게 숨기지 아니하고 여호와의 영예와 그의 능력과 그가 행하신 기이한 사적을 후대에 전하리로다 여호와께서 증거를 야곱에게 세우시며 법도를 이스라엘에게 정하시고 우리 조상들에게 명령하사 그들의 자손에게 알리라 하셨으니 이는 그들로 후대 곧 태어날 자손에게 이를 알게 하고 그들은 일어나 그들의 자손에게 일러서 그들로 그들의 소망을 하나님께 두며 하나님께서 행하신 일을 잊지 아니하고 오직 그의 계명을 지켜서 그들의 조상들 곧 완고하고 패역하여 그들의 마음이 정직하지 못하며 그 심령이 하나님께 충성하지 아니하는 세대와 같이 되지 아니하게 하려 하심이로다"(시 78:4~8)

신앙의 한 세대가 하나님의 기이하신 구원의 역사를 계속해서 후세대에 전하고 전해야 하는 목적은 다가오는 신앙의 새 세대들이 오로지 하나님 한 분에게만 삶의 소망을 두고, 하나님의 행하신 일을 잊지 않고 그의 계명들을 지켜 행하게 하기 위함이다. 그러므로 예배 공동체는 계속해서 다가오는 신앙의 후세대에 구원의 주 하나님께서 베풀어 주신 구원의 은혜를 말하고 말하며, 또한 그들에게 하나님의 모든 명령을 지켜 순종하는 철저한 신앙의 본분을 가르치고 가르쳐야 한다. 꿈꾸는 법이나 긍정의 힘이나 해결 받고 응답받는다는 기도법이나 가르치지 말고.

그런데 구약 이스라엘 백성은 구원받은 하나님의 백성으로서 하나님의 모든 명령을 지켜 행해야 하는 믿음의 삶은 힘쓰지 않고 하나님의 구원의 은혜와 구원의 능력을 오로지 그들의 밭농사와 목축업의 풍요와 번영에만 적용했다. 그래서 믿고 기도만 열심히 하면 하나님께서 이 땅의 부와 영향력을 허락해 주실 것을 확신하는 믿음 아닌 복술의 신념에 함몰되어 있었다. 오늘 교회세대 또한 예수 그리스도의 십자가 구원의 은혜와 구원의 능력을 오로지 인생 문제 해결과 꿈의 성취를 위해 열심히 긍정의 믿음을 적용한다. 그러면서도 모든 소유를 버리기까지 주님을 따르는 제자도의 삶은 지켜 행하지 않는다(눅 14:26~27, 33).

오늘 교회 안에서 기복주의 신앙을 부추기며 주의 이름으로 선지자 노릇 하는 많은 종이 백성들에게 구원의 은혜를 기억하고 감사하자고 외치면서도 그들에게 하나님의 모든 명령을 철저하게 지켜 행하는 사랑의 삶은 가르치지 않는다(행 4:32~35; 고후 8:1~5). 그들은 오로지 예수 그리스도의 십자가 구원의 은혜와 구원의 능력을 인생 문제 해법에 적용해서 꿈꾸는 법, 생각하고 말한 대로 이루어지는 긍정의 사고법, 긍정의 시인법을 가르치고 있으며, 십자가를 붙들고 사생결단으로 기도하면 문제 해결 받는다는 응답 기도법을 가르치기에 여념이 없다. 이들의 가르침이야말로, 마음으로 하나님의 법을 떠난 폐역한 백성들, 곧 모든 소유를 버리기까지 제자도의 삶을 살려 하지 않는 방종한 백성들로 하여금 입으로만 하나님을 가까이하게 하고 입술로만 하나님을 존경하게 하는 사람의 교훈(사 29:13)들로서, 세속화된 음행의 교훈들이다.

음행의 포도주에 취해 이리 비틀 저리 비틀하며 하나님의 말씀을 잘못 이해하고 해석하는 이와 같은 거짓 목사들(사 29:9~12) 때문에 "주여! 주여!" 하는 입술뿐인 신앙인들이 지금 이 시간도 음행의 교훈에 취해 부모와 처자와 소유를 미워하기까지 자기 부인의 십자가 길을 가야 하는 참된 제자의 삶을 포기하고 이 땅에서 잘되고 부자 되고 성공하고 인정받고 칭찬받고 존귀를 받는 넓은 형통의 대로를 활보하고 있다.

서울 한복판에서 어떤 대형 교회 목사가 "꿈이 있는 자는 망하지 않는다."라고 외치면 저기 시골에 있는 농촌 교회 목사들까지 하나같이 그 음행의 교훈에 취해 교인들을 불러 모아 놓고 "꿈이 있는 자는 망하지 않는다."라고 외친다. 서울 한복판에 있는 대형 교회 목사가 "생각한 대로 말하고 시인하면 꿈은 이루어진다."라고 설교하면 저 바다 멀리 외딴 섬에 있는 작은 교회 목사들까지도 이구동성으로 긍정의 힘을 외친다.

지금 하나님의 신부 된 교회가 온통 세속화되어 음행의 포도주에 취해 하나님의 신부인 거룩한 성 새 예루살렘(계

21:9~10)으로 지어져 가고 있는 것이 아니라 멸망 받을 음녀의 큰 성 바벨론(계 17:5, 18)으로 지어져 간다. 지금 교회 안에는 거짓 그리스도와 거짓 선지자의 미혹의 교훈이 여기저기 광야와 골방에까지 넘쳐나고 있다. 인도네시아의 화산이 폭발하고 일본에 대지진과 쓰나미가 일어나서 말세가 아니라 이와 같은 거짓 그리스도와 거짓 선지자의 역사가 여기저기 광야와 골방에까지 넘쳐나기 때문에 지금이야말로 말세이다.

"거짓 그리스도들과 거짓 선지자들이 일어나 큰 표적과 기사를 보여 할 수만 있으면 택하신 자들도 미혹하리라 보라 내가 너희에게 미리 말하였노라 그러면 사람들이 너희에게 말하되 보라 그리스도가 광야에 있다 하여도 나가지 말고 보라 골방에 있다 하여도 믿지 말라 번개가 동편에서 나서 서편까지 번쩍임같이 인자의 임함도 그러하리라"(마 24:24~27)

지금 작고 초라한 교회들까지도 세속의 영광을 바라보며 크고 화려한 대형 교회의 부흥법을 배우기 위해 세속의 교훈에 흥청망청 취해 있다. 그러나 모든 교회가 본받아야 할 참된 교회의 모델은 그와 같은 대형 예배당 건물을 소유한 교회가 아니라, 내 것을 내 것이라 하지 않고 밭과 집을 팔아 핍절한 형제 교회를 도우며 예수 그리스도의 사랑의 계명을 철저하게 실천하는 초대예루살렘 교회(행 4:32~25), 극한 가난과 모진 핍박 속에서도 형제 교회에게 풍성한 사랑의 연보를 드렸던 마게도냐 교회(고후 8:1~4)가 보여 준 사랑의 삶이다.

요엘 선지자는 입으로는 구원의 은혜를 기억하고 감사한다고 하면서도 마음으로는 하나님을 멀리 떠나 하나님께서 그들에게 명하신 모든 명령을 지켜 행하지 않는 열매 없는 이스라엘 백성을 향해 하나님의 철저한 심판을 경고했다(욜 2:1~3). 마찬가지로 음행의 포도주를 하수구에서 솟구쳐 오르는 더러운 시궁창의 물과 같이 뿜어내는 세속화된 교회세대, 곧 큰 성 바벨론을 향해 하나님의 철저한 파멸의 심판이 준비되고 있음을 요한계시록도 경고하고 있다.

심판의 그 날에 원가지들도 아끼지 않으신 하나님께서는 접붙임된 이방인 교회세대를 아껴보지 않고 멸절하실 것이다(롬 11:17~21). 그 날에 "주여! 주여!" 하는 자들과 주의 이름으로 선지자 노릇 하는 자들이 자신들은 "주의 주리신 것이나 나그네 되신 것이나 병드신 것이나 옥에 갇히신 것이나 벗으신 것을 보고 공양하였다."라고 하소연하며, 또한 자신들은 "주 앞에서 먹고 마셨으며 주 또한 우리의 길거리에서 가르치지 않으셨습니까?"라고 하소연하겠지만 "나는 너희들을 도무지 모른다!" 하시는 주님의 외면과 함께 마귀와 그의 사자들을 위해 예비된 영영한 불못에서 슬

피 울며 이를 갈게 될 것이다(마 7:21~23; 25:41~46; 눅
13:23~28).

8. 너희는 이제라도 금식하며 울며 애통하고
마음을 다하여 내게로 돌아오라

1장에서 요엘 선지자는 금식과 기도를 위해 사람들을 불러 모으라고 외친다. 그것은 주의 날이 가까웠기 때문이다.

"제사장들아 너희는 굵은 베로 동이고 슬피 울지어다 제단에 수종 드는 자들아 너희는 울지어다 내 하나님께 수종 드는 자들아 너희는 와서 굵은 베 옷을 입고 밤이 새도록 누울지어다 이는 소제와 전제를 너희 하나님의 성전에 드리지 못함이로다 너희는 금식일을 정하고 성회를 소집하여 장로들과 이 땅의 모든 주민들을 너희 하나님 여호와의 성전으로 모으고 여호와께 부르짖을지어다"(욜 1:13~14)

"슬프다 그 날이여 여호와의 날이 가까웠나니 곧 멸망같이 전능자에게로부터 이르리로다"(욜 1:15)

반면에 2장에서 요엘 선지자는 먼저 주의 날이 가까웠다고 말하고 있다. 그러므로 금식과 기도로 사람들을 불러 모으라고 또다시 외친다.

"시온에서 나팔을 불며 나의 거룩한 산에서 경고의 소리를 질러 이 땅 주민들로 다 떨게 할지니 이는 여호와의 날이 이르게 됨이니라 이제 임박하였으니 곧 어둡고 캄캄한 날이요 짙은 구름이 덮인 날이라 새벽빛이 산꼭대기에 덮인 것과 같으니 이는 많고 강한 백성이 이르렀음이라 이와 같은 것이 옛날에도 없었고 이후에도 대대에 없으리로다"(욜 2:1~2)

"여호와의 말씀에 너희는 이제라도 금식하고 울며 애통하고 마음을 다하여 내게로 돌아오라 하셨나니 너희는 옷을 찢지 말고 마음을 찢고 너희 하나님 여호와께로 돌아올지어다 그는 은혜로우시며 자비로우시며 노하기를 더디하시며 인애가 크시사 뜻을 돌이켜 재앙을 내리지 아니하시나니 주께서 혹시 마음과 뜻을 돌이키시고 그 뒤에 복을 내리사 너희 하나님 여호와께 소제와 전제를 드리게 하지 아니하실는지 누가 알겠느냐 너희는 시온에서 나팔을 불어 거룩한 금식일을 정하고 성회를 소집하라 백성을 모아 그 모임을 거룩하게 하고 장로들을 모으며 어린이와 젖 먹는 자를 모으며 신랑을 그 방에서 나오게 하며 신부도 그 신방에서 나오게 하고 여호와를 섬기는 제사장들은 낭실과 제단 사이에서 울며 이르기를 여호와여 주의 백성을 불쌍히 여기소서 주의 기업을 욕되게 하여 나라들로 그들을 관할하지 못하게 하옵소서 어찌하여 이방인으로 그들의 하나님이 어디 있느냐 말하게 하겠나이까 할지어다"(욜 2:12~17)

이처럼 요엘 선지자는 1장과 2장에서 대구법을 통해 주의 날이 가까웠기에 이스라엘 백성에게 철저한 회개가 필요함을 거듭 강조한다. 그가 회개의 금식과 회개의 기도를 거듭 명령하는 것은, 이스라엘 백성이 바라보는 주의 날이 어둡고 캄캄하며 **빽빽**하게 구름이 낀 재앙과 심판의 날이 될 것이기 때문이다.

"곧 어둡고 캄캄한 날이요 짙은 구름이 덮인 날이라 새벽 빛이 산꼭대기에 덮인 것과 같으니 이는 많고 강한 백성이 이르렀음이라 이와 같은 것이 옛날에도 없었고 이후에도 대대에 없으리로다"(욜 2:2)

이스라엘 백성이 바라보는 주의 날은 복 된 구원의 날이 아니라 재앙이 내리는 심판의 날이 될 것이다. 모든 선지자가 선민 이스라엘을 향해 다가오는 재앙과 심판의 날을 이처럼 항상 어둡고 캄캄한 날이라고 예언한다.

아모스 선지자가 북이스라엘을 향해 예언하던 당시에도 이스라엘 백성은 율법의 이념인 공법과 정의를 행하는 삶의 열매는 없으면서도 그들 나름대로 열심히 절기와 성회를 지키며 하나님께 번제와 소제를 드렸고, 살진 희생의 화목제를 드리며 비파 소리에 맞춰 찬양을 올리면서 축제 예배에 빠져 있었다.

> "내가 너희 절기들을 미워하여 멸시하며 너희 성회들을 기뻐하지 아니하나니 너희가 내게 번제나 소제를 드릴지라도 내가 받지 아니할 것이요 너희의 살진 희생의 화목제도 내가 돌아보지 아니하리라 네 노랫소리를 내 앞에서 그칠지어다 네 비파 소리도 내가 듣지 아니하리라 오직 정의를 물같이, 공의를 마르지 않는 강같이 흐르게 할지어다"(암 5:21~24)

이처럼 아모스 선지자 당시에 회개에 합당한 열매인 공법과 정의는 전혀 결실하지 못하면서도 하나님께 드리는 예배는 축제처럼 즐겁게 드렸던 북이스라엘은 '다가오는 주의 날'이 자신들을 구원하는 광명의 날이라고 믿어 의심치 않았다. 그러나 이와 같은 북이스라엘의 낙관적 열망에 대해 아모스 선지자는 그들이 기다리는 '하나님의 날'은 빛이 없는 어둡고 캄캄한 재앙과 심판의 날이 될 것을 경고했다.

"화 있을진저 여호와의 날을 사모하는 자여 너희가 어찌
하여 여호와의 날을 사모하느냐 그 날은 어둠이요 빛이 아니
라 마치 사람이 사자를 피하다가 곰을 만나거나 혹은 집에 들
어가서 손을 벽에 대었다가 뱀에게 물림 같도다 여호와의 날
은 빛 없는 어둠이 아니며 빛남 없는 캄캄함이 아니냐"(암
5:18~20)

오늘 교회세대도 구약 이스라엘 백성처럼 철저하게 자기
십자가를 지는 제자도의 삶(눅 14:26~27, 33)은 지켜 행하
지 않으면서도 갖은 명목의 성회와 갖은 목적의 예배를 드
리며 각종 다양한 악기에 맞춰 찬양을 올리면서 축제 기분
에 들떠 있다. 그러나 야고보 선생은 이미 2천 년 전부터 행
함이 없는 죽은 믿음(약 2:14~17)이라고 하면서 마치 예수
그리스도를 믿기만 믿어도 구원받은 것처럼 착각하고 있는
세상과 벗이 된 간음한 교회(약 4:4)를 향해 요엘 선지자와
마찬가지로 회개와 애통을 촉구하고 있다.

"하나님을 가까이하라 그리하면 너희를 가까이하시리라 죄
인들아 손을 깨끗이 하라 두 마음을 품은 자들아 마음을 성결
하게 하라 슬퍼하며 애통하며 울지어다 너희 웃음을 애통으
로, 너희 즐거움을 근심으로 바꿀지어다"(약 4:8~9)

이스라엘 백성이 구원받았다고 자부하며 그토록 사모하며 기다리던 주의 날이 빛이 없는 어둡고 캄캄한 재앙과 심판의 날이 될 것을 구약의 선지자들이 경고했듯이, 교회를 향해 보낸 편지(계 1:9~11)인 요한계시록은 구약 선지자들이 예언했던 복음의 길을 따라서 타락한 교회세대를 향해 다가오는 주의 날이 빛이 없는 어둡고 캄캄한 재앙과 심판의 날이 될 것을 경고하고 있다.

> "내가 보니 여섯째 인을 떼실 때에 큰 지진이 나며 해가 검은 털로 짠 상복같이 검어지고 달은 온통 피같이 되며 하늘의 별들이 무화과나무가 대풍에 흔들려 설익은 열매가 떨어지는 것같이 땅에 떨어지며"(계 6:12~13)

일찍이 모세 선지자는 구약 이스라엘 백성의 말로가 하나님의 말씀을 지켜 행하지 않는 삶, 곧 악을 행하는 삶 때문에 철저하게 재앙을 당할 것이라고 예언한 노래를 언약궤 곁에 두어 영원한 증거가 되게 하라고 명령했다.

> "이제 너희는 이 노래를 써서 이스라엘 자손들에게 가르쳐 그들의 입으로 부르게 하여 이 노래로 나를 위하여 이스라엘 자손들에게 증거가 되게 하라 내가 그들의 조상들에게 맹세한 바 젖과 꿀이 흐르는 땅으로 그들을 인도하여 들인 후에 그들

이 먹어 배부르고 살찌면 돌이켜 다른 신들을 섬기며 나를 멸시하여 내 언약을 어기리니 그들이 수많은 재앙과 환난을 당할 때에 그들의 자손이 부르기를 잊지 아니한 이 노래가 그들 앞에 증인처럼 되리라 나는 내가 맹세한 땅으로 그들을 인도하여 들이기 전 오늘 나는 그들이 생각하는 바를 아노라 그러므로 모세가 그 날 이 노래를 써서 이스라엘 자손들에게 가르쳤더라 여호와께서 또 눈의 아들 여호수아에게 명령하여 이르시되 너는 이스라엘 자손들을 인도하여 내가 그들에게 맹세한 땅으로 들어가게 하리니 강하고 담대하라 내가 너와 함께 하리라 하시니라 모세가 이 율법의 말씀을 다 책에 써서 마친 후에 모세가 여호와의 언약궤를 메는 레위 사람에게 명령하여 이르되 이 율법책을 가져다가 너희 하나님 여호와의 언약궤 곁에 두어 너희에게 증거가 되게 하라 내가 너희의 반역함과 목이 곧은 것을 아나니 오늘 내가 살아서 너희와 함께 있어도 너희가 여호와를 거역하였거든 하물며 내가 죽은 후의 일이랴 너희 지파 모든 장로와 관리들을 내 앞에 모으라 내가 이 말씀을 그들의 귀에 들려주고 그들에게 하늘과 땅을 증거로 삼으리라 내가 알거니와 내가 죽은 후에 너희가 스스로 부패하여 내가 너희에게 명령한 길을 떠나 여호와의 목전에 악을 행하여 너희의 손으로 하는 일로 그를 격노하게 하므로 너희가 후일에 재앙을 당하리라 하니라"(신 31:19~29)

구약 이스라엘 백성이 사모하며 기다렸던 여호와의 날에 그들은 예언된 저주와 심판의 길을 따라 철저하게 파멸을 당했다.

구약 이스라엘 백성의 말로는 또한 구약 이스라엘의 영예로운 이름을 승계한 영적 이스라엘 된 이방인 교회세대의 말로이기도 하다(롬 11:17~21, 고전 10:11~12). 그러므로 요한계시록은 이미 2천 년 전부터 타락과 배도의 길을 걸어가기 시작한 교회세대의 말로를 예언하면서 교회세대 또한 재앙과 심판을 피할 수 없음을 하나님의 영원한 증거의 말씀이 보존된 언약궤의 환상을 통해 경고하고 있다.

"이에 하늘에 있는 하나님의 성전이 열리니 성전 안에 하나님의 언약궤가 보이며 또 번개와 음성들과 우레와 지진과 큰 우박이 있더라"(계 11:19)

언약궤와 함께 보존된 신앙의 후세대를 향해 재앙과 심판을 경고한 예언의 말씀은, 같은 기준과 같은 원리와 같은 법칙을 따라서, "인자가 올 때에 세상에서 믿음을 보겠느냐"(눅 18:8) 하신 주님의 예언의 말씀이 교회세대에게 응하게 될 것이다. 그것은 기록된 주의 말씀이 마지막 날에 우리를 심판할 것이기 때문이다.

"나를 저버리고 내 말을 받지 아니하는 자를 심판할 이가 있으니 곧 내가 한 그 말이 마지막 날에 그를 심판하리라"(요 12:48)

주님께서는 분명히 교회세대를 향해 "주여! 주여!" 한다고, 주의 이름으로 선지자 노릇을 한다고, 모두가 구원을 받는 것이 아님을 분명히 경고하셨다.

"나더러 주여 주여 하는 자마다 다 천국에 들어갈 것이 아니요 다만 하늘에 계신 내 아버지의 뜻대로 행하는 자라야 들어가리라 그 날에 많은 사람이 나더러 이르되 주여 주여 우리가 주의 이름으로 선지자 노릇 하며 주의 이름으로 귀신을 쫓아 내며 주의 이름으로 많은 권능을 행하지 아니하였나이까 하리니 그때에 내가 그들에게 밝히 말하되 내가 너희를 도무지 알지 못하니 불법을 행하는 자들아 내게서 떠나가라 하리라"(마 7:21~23)

오늘 우리는 예수를 믿고 교회에 출석하는 것을 '좁은 문'을 들어온 것으로 생각한다. 그러나 주님께서는 세상 사람들을 향해서가 아니라 당신을 따르는 제자들에게 구원의 문은 좁기 때문에 좁은 길을 힘써 들어가라고 말씀하셨다.

"예수께서 각 성 각 마을로 다니사 가르치시며 예루살렘으로 여행하시더니 어떤 사람이 여짜오되 주여 구원을 받는 자가 적으니이까 그들에게 이르시되 좁은 문으로 들어가기를 힘쓰라 내가 너희에게 이르노니 들어가기를 구하여도 못하는 자가 많으리라 집주인이 일어나 문을 한 번 닫은 후에 너희가 밖에 서서 문을 두드리며 주여 열어 주소서 하면 그가 대답하여 이르되 나는 너희가 어디에서 온 자인지 알지 못하노라 하리니 그때에 너희가 말하되 우리는 주 앞에서 먹고 마셨으며 주는 또한 우리의 길거리에서 가르치셨나이다 하나 그가 너희에게 말하여 이르되 나는 너희가 어디에서 왔는지 알지 못하노라 행악하는 모든 자들아 나를 떠나가라 하리라"(눅 13:22~27)

모세 선지자는 이스라엘 백성이 지상 만민 중에서 하나님의 선택하심을 입고 종 되었던 땅 애굽에서 구원을 받았다고 했다. 그러므로 이스라엘 백성의 구원은 하나님의 은혜로 주어진 것이다. 그러나 모세 선지자는 이스라엘 백성이 구원의 은혜를 받았기 때문에 당연히 하나님께서 그들에게 명령하신 명령과 규례와 법도를 지켜 행해야 한다고 했다.

"너는 여호와 네 하나님의 성민이라 네 하나님 여호와께서 지상 만민 중에서 너를 자기 기업의 백성으로 택하셨나니 여호와께서 너희를 기뻐하시고 너희를 택하심은 너희가 다른 민족보다 수효가 많기 때문이 아니니라 너희는 오히려 모든 민족 중에 가장 적으니라 여호와께서 다만 너희를 사랑하심으로 말미암아, 또는 너희의 조상들에게 하신 맹세를 지키려 하심으로 말미암아 자기의 권능의 손으로 너희를 인도하여 내시되 너희를 그 종 되었던 집에서 애굽 왕 바로의 손에서 속량하셨나니 그런즉 너는 알라 오직 네 하나님 여호와는 하나님이시요 신실하신 하나님이시라 그를 사랑하고 그의 계명을 지키는 자에게는 천 대까지 그의 언약을 이행하시며 인애를 베푸시되 그를 미워하는 자에게는 당장에 보응하여 멸하시나니 여호와는 자기를 미워하는 자에게 지체하지 아니하시고 당장에 그에게 보응하시느니라 그런즉 너는 오늘 내가 네게 명하는 명령과 규례와 법도를 지켜 행할지니라"(신 7:6~11)

하나님의 은혜로 선택되어 구원받은 자에게는 책임이 요구된다. 그러므로 주님께서는 "주여! 주여!" 하는 자가 아니라 하나님의 뜻을 행하는 자가 하나님의 나라에 들어간다고 하셨다. 죄와 사망의 종 되었던 땅에서 예수 그리스도의 십자가 공로로 영원한 구원의 은혜를 받은 교회는 하나님의 뜻인 자기부인(自己否認)의 십자가를 지는 제자도의 삶을 지켜 행해야 한다.

"무릇 내게 오는 자가 자기 부모와 처자와 형제와 자매와 더욱이 자기 목숨까지 미워하지 아니하면 능히 내 제자가 되지 못하고 누구든지 자기 십자가를 지고 나를 따르지 않는 자도 능히 내 제자가 되지 못하리라"(눅 14:26~27)

"너희 중의 누구든지 자기의 모든 소유를 버리지 아니하면 능히 내 제자가 되지 못하리라"(눅 14:33)

십자가 구원의 은혜는 십자가를 지는 삶을 요구한다. 십자가를 지는 삶은 율법이 이스라엘 백성에게 명한 모든 명령과 규례와 법도를 완전하게 지켜 행하는 삶이다. 그러므로 십자가를 지는 삶을 통해 율법은 폐하여지지 않고 완전해진다.

애굽에서 구원받은 이스라엘 백성에게 하나님의 모든 명령과 규례와 법도인 율법을 지켜 행해야 하는 책임이 주어졌듯이, 예수 그리스도의 십자가 피 공로로 완전한 구원을 받은 신약 교회에게는 율법의 명령과 규례와 법도를 완전하게 하는 자기부인의 십자가를 지는 철저한 제자도의 삶이 요구되고 있다.

하나님의 뜻을 행하는 삶은 좁은 길을 들어가기를 힘쓰는 삶이고, 좁은 길을 들어가기를 힘쓰는 삶은 자기를 부인하는 철저한 제자도를 걸어가는 삶이다. 하나님의 뜻을 행하지 않는 삶, 곧 철저한 제자도의 삶을 살지 않는 교회세대에게는 그들이 사모하는 주의 날이 어둡고 캄캄한 재앙과 심판의 날이 될 것이다.

요엘 선지자는 과거 그토록 무서운 메뚜기 재앙을 겪었던 이스라엘 백성이 장차 경험하게 될 더 무서운 재앙인 메뚜기 떼와 같은 대적의 침략에 직면해서 과연 무슨 일을 해야 할 것인가에 관한 해답을 제시한다. 그는 범죄한 이스라엘이 할 수 있고 해야만 하는 꼭 한 가지 일은 진실한 회개라고 말한다. 그렇다. 이스라엘 백성은 회개의 기도와 금식을 통해 하나님께로 그들의 마음이 돌아가야 한다.

지금 북이스라엘 백성이 해야 하는 금식은 이방인들처럼 인생 문제 해결과 축복 응답을 받기 위해 사생결단하는 기도의 금식이 아니라 하나님의 말씀대로 지켜 행하지 못한 불순종의 죄악에 대해 마음을 찢는 철저한 회개의 금식이다. 이 같은 회개의 금식을 통해 그들은 하나님께로 돌아서야 한다.

하나님께로 돌아선다는 의미는 곧 하나님을 향해서 나아감을 의미한다. 하나님을 향해서 나아감은 곧 그분의 말씀대로 지켜 행함이다. 이제 그들은 하나님의 말씀대로 지켜 행하지 않은 모든 악행을 그치고, 그 악행에서 돌아서서 율법의 선을 행해야 한다. 바로 이 삶이 마음을 찢는 회개의 금식을 통해 구약 이스라엘 백성이 결실해야 하는 회개에 합당한 열매이다.

북이스라엘 백성이 마음을 찢는 금식을 통해 주께로 돌아서야 하는 이유는 비록 그들이 회개의 금식 기도를 올린다고 할지라도 그들의 죄가 너무나 커서 하나님의 은혜를 장담하지 못할 정도로 심각했기 때문이다(욜 2:14). 지금 교회세대 또한 돌로 떡을 만들어 먹기 위한 기적적 문제 해결을 위해 금식할 것이 아니라, 주님의 명령대로 철저한 제자도의 삶을 결실하기 위해 마음을 찢는 회개의 금식을 해야 한다.

하나님께서 구약 이스라엘 백성에게 요구하셨던 금식은 오늘 우리가 이해하고 해석하고 적용하는 것처럼 인생 문제의 결박을 꺾고, 실타래처럼 얽힌 물질의 멍에를 풀기 위한 사생결단의 금식이 아니라, 안식년이 되어도 풀어 주지 않고 있는 동족 히브리 종의 결박과 안식년이 되어도 꺾어 주지 않는 동족 히브리 종의 멍에를 풀고 꺾어서 그들로 자유로운 삶을 누리게 해 주는 사랑의 선행이다.

"네가 백성 앞에 세울 법규는 이러하니라 네가 히브리 종을 사면 그는 여섯 해 동안 섬길 것이요 일곱째 해에는 몸값을 물지 않고 나가 자유인이 될 것이며"(출 21:1~2)

"네 동족 히브리 남자나 히브리 여자가 네게 팔렸다 하자

만일 여섯 해 동안 너를 섬겼거든 일곱째 해에 너는 그를 놓아 자유롭게 할 것이요 그를 놓아 자유하게 할 때에는 빈 손으로 가게 하지 말고 네 양 무리 중에서와 타작마당에서와 포도주 틀에서 그에게 후히 줄지니 곧 네 하나님 여호와께서 네게 복을 주신 대로 그에게 줄지니라 너는 애굽 땅에서 종 되었던 것과 네 하나님 여호와께서 너를 속량하셨음을 기억하라 그것으로 말미암아 내가 오늘 이같이 네게 명령하노라"(신 15:12~15)

"내가 기뻐하는 금식은 흉악의 결박을 풀어 주며 멍에의 줄을 끌러 주며 압제당하는 자를 자유하게 하며 모든 멍에를 꺾는 것이 아니겠느냐 또 주린 자에게 네 양식을 나누어 주며 유리하는 빈민을 집에 들이며 헐벗은 자를 보면 입히며 또 네 골육을 피하여 스스로 숨지 아니하는 것이 아니겠느냐"(사 58:6~7)

결국, 하나님께서는 구약 이스라엘 백성에게 육신의 배를 쫄쫄 굶으며 문제 해결을 받기 위한 사생결단의 금식 기도를 명령하고 있는 것이 아니라, 이스라엘 백성이 끝없는 욕심을 채우고자 하나님께서 명령하신 사랑의 안식년법을 실천하지 않는 그들의 탐욕을 금식하고, 그 결과로 율법의 이념인 사랑의 삶을 실천할 것을 명령하신 것이다.

물론 구약 이스라엘 백성 가운데 어느 정도 재산이 넉넉한 사람에게는 그 당시 경제 가치 제일 첫 목록이었던 종들을 자유롭게 해 준다는 것은 역으로 그들에게 막대한 경제 손실이 발생함을 의미했다. 그러나 그들은 그와 같은 막대한 경제 손실을 감수하고서라도 그들의 탐욕을 금식하고 안식년법을 지켜 행함으로 율법이 명하는 사랑을 실천해야 했다.

오늘 교회세대 또한 문제 해결을 받기 위해 배를 굶는 금식 기도를 간증하고 자랑할 것이 아니라, 하나님 말씀대로 지켜 행하지 못하게 하는 우리의 탐욕을 금식해서 철저한 제자도의 삶을 통해 모든 소유를 버리기까지 주를 따르고, 내 것을 내 것이라 하지 않고 주의 사랑을 실천하는 사랑의 삶(행 4:32~25; 고후 8:1~5)을 살아야 한다. 바로 이것이 지금의 교회세대를 향한 하나님의 금식 명령이다.

지금 교회에게 필요한 금식은 음식을 굶는 것이 아니라, 탐욕을 금하고 철저하게 모든 소유를 버리기까지 제자도를 행하는 삶이다. 그러므로 주님의 삶과 인격과 명령을 직접 목도하고 들었던 초대교회 성도들은 율법이 명하는 사랑의 계명인 안식년법이 지향하는 본질적 사랑의 이념을 완전하게 구현해서 자기 것을 자기 것이라 하지 않고 가난한 형제 교우, 형제 교회를 위해 미련 없이 나누었던 것이다.

사도 요한은 교회를 향해 말과 혀로만이 아닌 행함과 진실함으로 사랑하는 참된 실천적 사랑의 삶만이 우리가 진리, 즉 구원 안에 있음을 증명한다고 분명히 말한다.

"그가 우리를 위하여 목숨을 버리셨으니 우리가 이로써 사랑을 알고 우리도 형제들을 위하여 목숨을 버리는 것이 마땅하니라 누가 이 세상의 재물을 가지고 형제의 궁핍함을 보고도 도와 줄 마음을 닫으면 하나님의 사랑이 어찌 그 속에 거하겠느냐 자녀들아 우리가 말과 혀로만 사랑하지 말고 행함과 진실함으로 하자 이로써 우리가 진리에 속한 줄을 알고 또 우리 마음을 주 앞에서 굳세게 하리니"(요일 3:16~19)

예수 그리스도의 목숨 버리신 사랑의 은혜로 구원받은 교회가 사도행전 4:32~35과 고린도후서 8:1~5과 같이 철저한 사랑의 삶을 살지 않는 것은 구약 이스라엘 백성처럼 악업을 쌓는 악행을 범하는 것이고 손에 피를 묻히는 살인죄를 범하는 것이다.

"너희가 손을 펼 때에 내가 내 눈을 너희에게서 가리고 너희가 많이 기도할지라도 내가 듣지 아니하리니 이는 너희의 손에 피가 가득함이라 너희는 스스로 씻으며 스스로 깨끗하게 하여 내 목전에서 너희 악한 행실을 버리며 행악을 그치고 선행을 배우며 정의를 구하며 학대받는 자를 도와주며 고아

를 위하여 신원하며 과부를 위하여 변호하라 하셨느니라"(사
1:15~17)

오늘 교회세대에 필요한 참된 금식은 문제 해결을 받기
위한 사생결단의 금식이 아니라, 주님의 명령대로 내 것을
내 것이라 하지 않고 사랑의 계명을 실천하기 위해 탐욕을
금하는 것이다. 그러므로 크고 부요한 교회는, 그리고 먹을
것과 입을 것이 어느 정도 넉넉한 성도는 가난한 형제 교회
를 위해, 가난한 형제를 위해, 그리고 가난한 형제 선교사를
위해 구약 이스라엘 백성이 막대한 경제적 손실을 감수하면
서도 하나님의 율법이 명한 사랑의 안식년법을 지켜 행해야
했듯이 철저한 나눔의 사랑을 실천해야 한다. 바로 이 사랑
의 실천이 흉악의 결박을 풀어 주고 멍에의 줄을 끊어 주며
압제당하는 자를 자유롭게 하는 참된 금식의 삶이다.

요엘 선지자가 이스라엘 백성에게 요구하는 회개의 금식
은, 율법이 명하는 사랑의 삶을 지켜 행하지 못한 죄악 된 삶
을 회개하고 그 회개에 합당한 열매로서 사랑의 삶을 결실
하는 것이다.

9. 회개하는 이스라엘에게 약속하신 두 가지 복과 그 성취

하나님께서는 이스라엘 백성이 드리는 회개의 금식기도에 대해 축복을 약속하셨다. 그것은 이스라엘을 치러 올라왔던 대적의 군대를 섬멸하시겠다는 약속이다.

"그 때에 여호와께서 자기의 땅을 극진히 사랑하시어 그의 백성을 불쌍히 여기실 것이라 여호와께서 그들에게 응답하여 이르시기를 내가 너희에게 곡식과 새 포도주와 기름을 주리니 너희가 이로 말미암아 흡족하리라 내가 다시는 너희가 나라들 가운데에서 욕을 당하지 않게 할 것이며 내가 북쪽 군대를 너희에게서 멀리 떠나게 하여 메마르고 적막한 땅으로 쫓아내리니 그 앞의 부대는 동해로, 그 뒤의 부대는 서해로 들어갈 것이라 상한 냄새가 일어나고 악취가 오르리니 이는 큰 일을 행하였음이니라 하시리라"(욜 2:18~20)

하나님께서 이스라엘에게 하신 약속을 요약하면 다음과

같다.

첫째, 하나님께서는 이스라엘 백성에게 곡식과 새 포도주와 기름을 흡족하게 허락해 주실 것이다. 둘째, 하나님께서는 이스라엘 백성을 치러 올라온 대적의 군대를 멀리 떠나게 하실 것이다. 그렇다면 이 약속의 응답은 어떻게 성취될 것인가?

이사야 선지자는 이스라엘 백성이 고대하던 메시아가 한 아기로서 이 땅에 나타나실 때 이스라엘을 압제하던 대적의 군대가 섬멸될 것이라고 예언했다.

> "주께서 이 나라를 창성하게 하시며 그 즐거움을 더하게 하셨으므로 추수하는 즐거움과 탈취물을 나눌 때의 즐거움같이 그들이 주 앞에서 즐거워하오니 이는 그들이 무겁게 멘 멍에와 그들의 어깨의 채찍과 그 압제자의 막대기를 주께서 꺾으시되 미디안의 날과 같이 하셨음이니이다 어지러이 싸우는 군인들의 신과 피 묻은 겉옷이 불에 섶같이 살라지리니 이는 한 아기가 우리에게 났고 한 아들을 우리에게 주신 바 되었는데 그의 어깨에는 정사를 메었고 그의 이름은 기묘자라, 모사라, 전능하신 하나님이라, 영존하시는 아버지라, 평강의 왕이라 할 것임이라 그 정사와 평강의 더함이 무궁하며 또 다윗의 왕좌와 그의 나라에 군림하여 그 나라를 굳게 세우고 지금 이후로 영원히 정의와 공의로 그것을 보존하실 것이라 만군의 여

호와의 열심이 이를 이루시리라"(사 9:3~7)

이사야 선지자의 이 예언을 문자적으로만 이해한다면, 메시아를 대망했던 이스라엘 백성은 고대하던 하나님이 이 땅에 오실 때 그 하나님께서 자신들을 압제하는 로마의 군대를 섬멸하시고 자신들에게 지상 최강의 군사 대국을 허락해 주실 것으로 기대했을 것이다. 그러나 이 땅에 오신 하나님께서 치르셨던 전쟁은 로마 군대와의 전쟁이 아니라 우리를 사로잡고 있는 죄와 사망의 세력과의 전쟁이었다. 주님께서는 이 땅에 오셔서 로마 군대를 물리치셨던 것이 아니라 죄와 사망의 세력을 멸하심으로 우리의 죄를 동이 서에서 먼 것같이 멀리 떠나게 하셨다.

계속해서 이사야 선지자는 하나님께서 이스라엘 백성에게 약속하신 땅의 풍요와 관련해 다음과 같이 예언했다.

"마침내 위에서부터 영을 우리에게 부어 주시리니 광야가 아름다운 밭이 되며 아름다운 밭을 숲으로 여기게 되리라"(사 32:15)

이 예언의 말씀도 문자적으로만 이해한다면, 이스라엘 백성은 자신들이 고대하던 하나님이 이 땅에 오셔서 이스라엘을 중심으로 세계의 질서를 재편하시고 장차 이스라엘 백성에게 주어지는 광활한 땅에 이른 비와 늦은 비를 풍족히 내려 주셔서 오곡백과가 풍성하게 결실될 것으로 기대했을 것이다. 그러나 이 약속의 복 또한 이스라엘이 거하는 가나안 땅에서 실제적인 곡식의 풍성한 결실로 성취된 것이 아니라, 어떤 선한 열매도 결실할 수 없는 죄인의 심령에 하나님의 성신(聖神)이 임하셔서 강퍅한 마음을 부드럽게 만드시고 죄인들로 하나님의 율례와 규례를 행하는 성령의 열매 맺는 삶을 살게 함으로 성취되었다.

> "또 새 영을 너희 속에 두고 새 마음을 너희에게 주되 너희
> 육신에서 굳은 마음을 제거하고 부드러운 마음을 줄 것이며
> 또 내 영을 너희 속에 두어 너희로 내 율례를 행하게 하리니
> 너희가 내 규례를 지켜 행할지라"(겔 36:26~27)

이스라엘을 치러 온 원수의 군대를 이스라엘 지경에서 저 멀리 메마르고 적막한 땅으로 쫓아내시고 그들을 바다에 빠뜨리신다는 하나님의 약속은 최강의 원수인 죄의 세력을 우리 가운데서 도말하시고 동이 서에서 먼 것같이 우리에게서 멀리 떠나게 하심으로 성취되었다. 이 약속의 예언을 따라 죄로 말미암아 하나님과 원수 되었던 우리는 그 누구도 하나님의 영광에 이를 수 없었지만, 예수 그리스도의 값없는 구속으로 믿음으로 의롭다 칭함을 받게 되었다.

"모든 사람이 죄를 범하였으매 하나님의 영광에 이르지 못하더니 그리스도 예수 안에 있는 속량으로 말미암아 하나님의 은혜로 값없이 의롭다 하심을 얻은 자 되었느니라"(롬 3:23~24)

결국, 하나님께서 요엘 선지자를 통해 이스라엘 백성에게 약속하셨던 대적의 섬멸은 죄인 구원을 위해 이 땅에 오시는 약속의 그리스도 안에서 성취되었다.

"또 범죄와 육체의 무할례로 죽었던 너희를 하나님이 그와 함께 살리시고 우리의 모든 죄를 사하시고 우리를 거스르고 불리하게 하는 법조문으로 쓴 증서를 지우시고 제하여 버리사 십자가에 못 박으시고 통치자들과 권세들을 무력화하여 드러내어 구경거리로 삼으시고 십자가로 그들을 이기셨느니라"(골 2:13~15)

"이제는 우리 구주 그리스도 예수의 나타나심으로 말미암아 나타났으니 그는 사망을 폐하시고 복음으로써 생명과 썩지 아니할 것을 드러내신지라"(딤후 1:10)

이사야 선지자의 예언대로 광야가 아름다운 밭이 되는 약속의 복은 이 땅에 약속의 성신이 임함으로 성취되었다. 마찬가지로 여호와께서 요엘 선지자의 입을 빌려 이스라엘 백성에게 약속하신 곡식과 새 포도주와 기름의 풍요 또한 약속의 성신 안에서 주어지는 복이다.

결국, 곡식과 새 포도주와 기름의 풍성한 복은 예수 그리스도에 의해 하나님께서 우리 가운데 보내시는 보혜사 곧 약속의 성령 안에서 성취된다(요 14:16; 16:7). 그러므로 약속의 복인 성령으로 충만했던 사도 바울은 광야와 같은 극한 고난과 핍절의 삶 속에서도 약속의 부요와 풍요를 넘치게 소유한 모든 것을 가진 자가 되었다(고후 6:10). 곧 하나님께서 허락하신 성신으로 광야와 같은 바울의 삶은 하나님께서 약속하신 곡식과 새포도주와 기름의 복을 넘치도록 소유한 아름다운 밭으로 변했다.

요엘 선지자는 약속된 이 두 가지 복인 대적의 멸절, 그리고 곡식과 새 포도주와 기름의 풍요가 "의의 교사"이시고 "이른 비"이신 예수 그리스도의 임하심(욜 2:33)과 약속의 성령이 우리 가운데 충만하게 임하시는 것(욜 2:28~30)으로 성취될 것을 예언하고 있다.

"시온의 자녀들아 너희는 너희 하나님 여호와로 말미암아 기뻐하며 즐거워할지어다 그가 너희를 위하여 비를 내리시되 이른 비를 너희에게 적당하게 주시리니 이른 비와 늦은 비가 예전과 같을 것이라"(욜 2:23)

"그 후에 내가 내 영을 만민에게 부어 주리니 너희 자녀들이 장래 일을 말할 것이며 너희 늙은이는 꿈을 꾸며 너희 젊은이는 이상을 볼 것이며 그 때에 내가 또 내 영을 남종과 여종에게 부어 줄 것이며 내가 이적을 하늘과 땅에 베풀리니 곧 피와 불과 연기 기둥이라"(욜 2:28~30)

10. 하나님 나라의 회복

　하나님께서 회개하는 이스라엘에게 약속하신 두 가지 복은 첫째, 의의 교사로 나타나실 메시아에 의해서 성취되고 (욜 2:23) 둘째, 하나님의 신 성령의 강림으로 성취된다(욜 2:28~32).

　범죄한 이스라엘에게 하나님께서는 두 가지 징벌을 하셨다. 첫째는 양식이 떨어지는 기근의 고통이었고(욜 1:4, 10~12) 둘째는 메뚜기떼로 상징된 원수의 군대가 침략해 오는 것이었다(욜 2:1~11). 이는 곧 하나님 백성의 멸절, 하나님 나라의 소멸을 의미한다.

　그러면 멸절된 이스라엘 백성, 소멸될 하나님의 나라는 어떻게 회복될 것인가? 하나님께서는 그들에게 회복의 약속을 주셨다.

　"그 때에 여호와께서 자기의 땅을 극진히 사랑하시어 그의 백성을 불쌍히 여기실 것이라 여호와께서 그들에게 응답하여 이르시기를 내가 너희에게 곡식과 새 포도주와 기름을 주리니 너희가 이로 말미암아 흡족하리라 내가 다시는 너희가 나라들 가운데에서 욕을 당하지 않게 할 것이며 내가 북쪽 군대를 너희에게서 멀리 떠나게 하여 메마르고 적막한 땅으로 쫓아내리니 그 앞의 부대는 동해로, 그 뒤의 부대는 서해로 들어갈 것이라 상한 냄새가 일어나고 악취가 오르리니 이는 큰 일을 행하였음이니라 하시리라"(욜 2:18~20)

이 약속의 말씀을 문자적으로 이해했던 이스라엘 백성은 머지않은 장래에 소망의 메시아가 이 땅에 오시고 하나님의 신이 부어지면 가뭄으로 피폐하게 된 가나안 땅에 이른 비와 늦은 비가 때를 맞춰 내리는 비옥한 땅으로 변화되고 그 땅에서 풍성한 농산물이 수확될 것으로 이해했고, 그들을 압제하는 원수의 군대는 멸망하고 자신들은 위대한 장군 메시아로 인해 세상 모든 국가를 복속시키고 유일한 초강대국이 될 것으로 이해했다. 그러나 그들이 이해하고 확신했던 간절한 소망의 약속은 너무나 오랜 시간이 지난 후에 성취되었고, 그들이 꿈꾸었던 경제 대국, 군사 대국의 축복으로 임했던 것이 아니라, 예수 그리스도와 성령 안에서 죄와 사망에서 해방되는 구원의 복으로 임했다.

하나님께서 구약 이스라엘에게 약속하신 복이 그들의 세속적인 가치 판단의 기준 안에서 그들의 기대와 소원대로 성취된 것이 아니라 구원의 복으로 성취되었기 때문에 그들은 구원의 주가 되시는 예수 그리스도를 배척했고 오히려 외인이고 소망이 없었던 이방인에게 구원의 복이 흘러넘치게 되었다.

> "그 때에 너희는 그리스도 밖에 있었고 이스라엘 나라 밖의 사람이라 약속의 언약들에 대하여는 외인이요 세상에서 소망이 없고 하나님도 없는 자이더니 이제는 전에 멀리 있던 너희가 그리스도 예수 안에서 그리스도의 피로 가까워졌느니라"(엡 2:12~13)

오늘 교회세대 또한, 하나님께서 약속하신 복을 구원의 측면과 관련해서 이해하고 해석하고 적용해야 한다. 그런데도 오늘 교회세대는 하나님께서 약속하신 복을 구약 이스라엘 백성처럼 세속적 가치 판단의 기준 안에서 물질적 부와 영향력의 부와 형통의 복으로 이해하고 해석하고 적용하고 기대하고 바라볼 때가 얼마나 많은가?

성경은 죄인 구원을 위한 구속 계시이기 때문에 반드시 하나님께서 약속하신 복을 이 땅의 물질적 개념으로 이해하지 말고 구원의 측면에서 이해해야 한다. 그것은 모든 축복이 예수 그리스도에게서 시작되고 예수 그리스도 안에서 성취되기 때문이다.

요엘 선지자는 이스라엘의 회복과 관련하여 세 가지 비에

관해서 언급한다. '적당하게 내리는 이른 비'와 '전과 같을 이른 비'와 '전과 같을 늦은 비'이다.

"시온의 자녀들아 너희는 너희 하나님 여호와로 말미암아 기뻐하며 즐거워할지어다 그가 너희를 위하여 비를 내리시되 이른 비를 너희에게 적당하게 주시리니 이른 비와 늦은 비가 예전과 같을 것이라"(욜 2:23)

여기서 적당하게 내리는 이른 비는 히브리 원문에서 변화를 위한 이른 비로서 '의를 가르치는 스승'을 의미한다. 결국, 적당하게 내리는 이른 비인 의의 스승 예수 그리스도에 의해서 이 세계는 엄청난 변화를 경험하게 되었다. 의를 가르치는 스승이신 적당하게 내리는 이른 비는 계속해서 연이어지는 전과 같을 이른 비와 늦은 비의 원인이다. 교회는 예수 그리스도로 말미암아 하나님께서 우리에게 전과 같이 부어 주시는 이른 비와 늦은 비의 은혜를 경험하게 된다. 전과 같은 이른 비와 늦은 비는 성령을 상징한다.

성령은 예수 그리스도에 의해서 우리에게 보내졌다.

"내가 아버지께 구하겠으니 그가 또 다른 보혜사를 너희에게 주사 영원토록 너희와 함께 있게 하리니 그는 진리의 영이라 세상은 능히 그를 받지 못하나니 이는 그를 보지도 못하고 알지도 못함이라 그러나 너희는 그를 아나니 그는 너희와 함께 거하심이요 또 너희 속에 계시겠음이라"(요 14:16~17)

"내가 너희에게 실상을 말하노니 내가 떠나가는 것이 너희에게 유익이라 내가 떠나가지 아니하면 보혜사가 너희에게로 오시지 아니할 것이요 가면 내가 그를 너희에게로 보내리니"(요 16:7)

"진리의 성령이 오시면 그가 너희를 모든 진리 가운데로 인도하시리니 그가 스스로 말하지 않고 오직 들은 것을 말하며 장래 일을 너희에게 알리시리라 그가 내 영광을 나타내리니 내 것을 가지고 너희에게 알리시겠음이라"(요 16:13~14)

예수 그리스도에 의해 이 약속의 복, 이 약속의 성령은 오순절 날 성령 세례로 교회에 임했다.

"그 후에 내가 내 영을 만민에게 부어 주리니 너희 자녀들이 장래 일을 말할 것이며 너희 늙은이는 꿈을 꾸며 너희 젊은이는 이상을 볼 것이며 그 때에 내가 또 내 영을 남종과 여종에게 부어 줄 것이며 내가 이적을 하늘과 땅에 베풀리니 곧 피와 불과 연기 기둥이라 여호와의 크고 두려운 날이 이르기 전에 해가 어두워지고 달이 핏빛같이 변하려니와 누구든지 여호와의 이름을 부르는 자는 구원을 얻으리니 이는 나 여호와의 말대로 시온산과 예루살렘에서 피할 자가 있을 것임이요 남은 자 중에 나 여호와의 부름을 받을 자가 있을 것임이니라"(욜 2:28~32)

"사도와 함께 모이사 그들에게 분부하여 이르시되 예루살렘을 떠나지 말고 내게서 들은바 아버지께서 약속하신 것을 기다리라 요한은 물로 세례를 베풀었으나 너희는 몇 날이 못되어 성령으로 세례를 받으리라 하셨느니라"(행 1:4~5)

"오순절 날이 이미 이르매 그들이 다 같이 한곳에 모였더니 홀연히 하늘로부터 급하고 강한 바람 같은 소리가 있어 그들이 앉은 온 집에 가득하며 마치 불의 혀처럼 갈라지는 것들이 그들에게 보여 각 사람 위에 하나씩 임하여 있더니 그들이 다 성령의 충만함을 받고 성령이 말하게 하심을 따라 다른 언어들로 말하기를 시작하니라"(행 2:1~4)

"베드로가 열한 사도와 함께 서서 소리를 높여 이르되 유대인들과 예루살렘에 사는 모든 사람들아 이 일을 너희로 알게 할 것이니 내 말에 귀를 기울이라 때가 제 삼 시니 너희 생각과 같이 이 사람들이 취한 것이 아니라 이는 곧 선지자 요엘을 통하여 말씀하신 것이니 일렀으되 하나님이 말씀하시기를 말

세에 내가 내 영을 모든 육체에 부어 주리니 너희의 자녀들은
예언할 것이요 너희의 젊은이들은 환상을 보고 너희의 늙은이
들은 꿈을 꾸리라 그 때에 내가 내 영을 내 남종과 여종들에게
부어 주리니 그들이 예언할 것이요 또 내가 위로 하늘에서는
기사를 아래로 땅에서는 징조를 베풀리니 곧 피와 불과 연기
로다 주의 크고 영화로운 날이 이르기 전에 해가 변하여 어두
워지고 달이 변하여 피가 되리라 누구든지 주의 이름을 부르
는 자는 구원을 받으리라 하였느니라"(행 2:14~21)

회개하는 이스라엘에게 약속되었던 풍요와 승리의 약속
은 7백여 년의 시간이 흐른 후, 예수 그리스도와 또 다른 보
혜사이신 약속의 성령 안에서 구원의 복으로 성취된다.

오늘 교회세대에 약속된 복은 '거룩한 성'인 '새 예루살
렘'이다. 우리 위에 드리워지는 하나님의 장막인 그곳에서
구속받은 교회는 하나님과의 영원한 결혼에 이르게 된다(계
21:1~5, 9~10). 그러므로 거룩한 성 새 예루살렘은 구원의
완성을 상징한다. 예수 그리스도께서 다시 오시는 그 날에
신부 된 교회는 거룩한 성 새 예루살렘으로 단장되어 성령
으로 말미암는 구원에 이르게 될 것이다. 그 날에 성령께서
우리의 죽을 몸을 살리시고 영광에서 영광으로 이르게 하실
것이다.

"예수를 죽은 자 가운데서 살리신 이의 영이 너희 안에 거하시면 그리스도 예수를 죽은 자 가운데서 살리신 이가 너희 안에 거하시는 그의 영으로 말미암아 너희 죽을 몸도 살리시리라"(롬 8:11)

"우리가 다 수건을 벗은 얼굴로 거울을 보는 것같이 주의 영광을 보매 그와 같은 형상으로 변화하여 영광에서 영광에 이르니 곧 주의 영으로 말미암음이니라"(고후 3:18)

그 날에 우리는 얼굴과 얼굴을 대하여 주를 보게 될 것이다.

"우리가 지금은 거울로 보는 것같이 희미하나 그 때에는 얼굴과 얼굴을 대하여 볼 것이요 지금은 내가 부분적으로 아나 그 때에는 주께서 나를 아신 것같이 내가 온전히 알리라"(고전 13:12)

"사랑하는 자들아 우리가 지금은 하나님의 자녀라 장래에 어떻게 될지는 아직 나타나지 아니하였으나 그가 나타나시면 우리가 그와 같을 줄을 아는 것은 그의 참모습 그대로 볼 것이기 때문이니"(요일 3:2)

"다시 저주가 없으며 하나님과 그 어린양의 보좌가 그 가운데에 있으리니 그의 종들이 그를 섬기며 그의 얼굴을 볼 터이요 그의 이름도 그들의 이마에 있으리라 다시 밤이 없겠고 등불과 햇빛이 쓸데없으니 이는 주 하나님이 그들에게 비치심이라 그들이 세세토록 왕 노릇 하리로다"(계 22:3~5)

요엘 선지자를 통해 하나님께서 하신 회복의 약속이 예수 그리스도와 성령 안에서 구원의 복으로 성취되었지만, 구약 이스라엘은 약속의 복을 문자적 의미로만 이해하고 바라보았기 때문에 실제 가나안 땅에 곡식과 포도주와 기름이 넘쳐나고 그들을 압제하던 원수가 멸절될 것으로만 기대했다. 마찬가지로 오늘 교회도 약속된 거룩한 성 새 예루살렘의 복을 저 하늘나라 끝에 있는 실제 거주지로 생각한다. 그러나 거룩한 성 새 예루살렘의 영광은 구원의 완성, 즉 장차 나타날 지극히 크고 영원한 생명의 영광을 상징한다. 그러므로 교회가 바라보아야 하는 약속의 복은 이 땅의 풍요와 이 땅에서의 승리가 아니라 다시 오시는 예수 그리스도와 함께 나타날 구원의 완성인 신령한 몸의 영광이다.

"육체는 다 같은 육체가 아니니 하나는 사람의 육체요 하나는 짐승의 육체요 하나는 새의 육체요 하나는 물고기의 육체라 하늘에 속한 형체도 있고 땅에 속한 형체도 있으나 하늘에 속한 것의 영광이 따로 있고 땅에 속한 것의 영광이 따로 있으니 해의 영광이 다르고 달의 영광이 다르며 별의 영광도 다른데 별과 별의 영광이 다르도다 죽은 자의 부활도 그와 같으니 썩을 것으로 심고 썩지 아니할 것으로 다시 살아나며 욕된 것으로 심고 영광스러운 것으로 다시 살아나며 약한 것으로 심고 강한 것으로 다시 살아나며 육의 몸으로 심고 신령한 몸으로 다시 살아나나니 육의 몸이 있은즉 또 영의 몸도 있느니라"(고전 15:39~44)

"무릇 흙에 속한 자들은 저 흙에 속한 자와 같고 무릇 하늘에 속한 자들은 저 하늘에 속한 이와 같으니 우리가 흙에 속한 자의 형상을 입은 것 같이 또한 하늘에 속한 이의 형상을 입으리라"(고전 15:48~49)

지금, 교회는 복스러운 소망이신 이 땅에 다시 오실 예수 그리스도의 영광을 기다린다.

"복스러운 소망과 우리의 크신 하나님 구주 예수 그리스도의 영광이 나타나심을 기다리게 하셨으니"(딛 2:13)

그 날에 교회는 몸의 구속을 받고 영광의 몸의 형체와 같이 변화되어 예수 그리스도와 함께 영광 가운데 나타나게 될 것이다.

"그뿐 아니라 또한 우리 곧 성령의 처음 익은 열매를 받은 우리까지도 속으로 탄식하여 양자 될 것 곧 우리 몸의 속량을 기다리느니라"(롬 8:23)

"우리의 시민권은 하늘에 있는지라 거기로부터 구원하는 자 곧 주 예수 그리스도를 기다리노니 그는 만물을 자기에게 복종하게 하실 수 있는 자의 역사로 우리의 낮은 몸을 자기 영광의 몸의 형체와 같이 변하게 하시리라"(빌 3:20~21)

"우리 생명이신 그리스도께서 나타나실 그 때에 너희도 그와 함께 영광 중에 나타나리라"(골 3:4)